디지털
메모의
기술

디지털 메모의 기술

2006년 11월 10일 | 초판 1쇄 인쇄
2008년 6월 13일 | 초판 2쇄 발행

지은이 | 이석용
발행인 | 전재국

본부장 | 이광자
주간 | 이동은
편집팀장 | 유영준
편집 | 김동완
미술팀장 | 조성희
마케팅실장 | 정유한
마케팅팀장 | 정남익

발행처 | (주)시공사
출판등록 | 1989년 5월 10일(제3-248호)

주소 | 서울특별시 서초구 서초동 1628-1(우편번호 137-879)
전화 | 편집(02)2046-2853 · 영업(02)2046-2800
팩스 | 편집(02)585-1755 · 영업(02)588-0835
홈페이지 | www.sigongsa.com

ⓒ이석용, 2006

ISBN 978-89-527-4777-8 13320

값은 뒤표지에 있습니다.
파본이나 잘못된 책은 구입하신 곳에서 교환해 드립니다.

THE ART OF DIGITAL MEMO

디지털
메모의
기술

시공사

 차 례

● 프롤로그 _ 왜 디지털 메모인가?

1부 메모가 디지털을 만났을 때

01 흙탕물에서 마실 물 구하기	21
02 메모 습관에 실패하는 이유	24
03 디지털 메모의 장점	29
04 디지털 마인드	34
05 컴맹은 안 되겠니?	38
06 메모광의 성격	41
07 스케줄 메모와 아이디어 메모	44
08 당신의, 당신에 의한, 당신을 위한 메모	52
09 디지털 메모를 위한 숨 고르기	56

2부 즉각 반응하라!

01 파블로프의 개   61
02 PC로 반응하라!   63
03 인터넷에서 유용한 정보를 메모하는 방법   78
04 휴대전화로 반응하라!   87
05 디지털 카메라로 반응하라!   91
06 동영상 기능을 이용한 디지털 메모   107

3부 한곳에 모아라!

01 PC에 모아라!   111
02 똑똑한 파일과 폴더 작명법   113
03 아이디와 패스워드 관리   118
04 스케줄 메모의 관리법   123
05 아이디어 메모의 관리법   128
06 잘 보이는 곳에 모아라!   132
07 즐겨찾기도 일종의 메모함   133
08 디지털 카메라도 하나의 외장 메모리   136

4부 영원한 생명력을 부여하라!

01 단편 정보, 드디어 '나비'가 되다! 141
02 이메일 메모와 이메일 계정 143
03 이메일과 결합한 완벽한 스케줄 메모 146
04 메신저의 대화 내용 저장 153
05 디지털 이미지 판독법 157
06 채우는 메모, 비우는 메모 160
07 네트워크로 가능한 불로장생 메모 164
08 출장갈 때 서류 가방은 두고 가라! 170

● 에필로그 _ 디지털 메모, 약인가 독인가?

부록_ 디지털 메모 100% 활용하기

01 메모짱 설치하기 179
02 메모짱 오늘 일정에 아이콘 달기 180
03 메모짱 메일, NATE 쪽지 알림 서비스 설정하기 181
04 메모짱 문자 메시지 알림 서비스 설정하기 182
05 메모짱 제공 테마 일정을 내 일정으로 설정하기 185

06 메모짱으로 스케줄 메모 보내기 187

07 메모짱으로 스케줄 메모 받기 188

08 메모짱으로 받은 메모 확인하기 189

09 아웃룩에서 POP 설정하고 이메일 주고받기 190

10 아웃룩에 스케줄 입력하기 192

11 아웃룩에 주소록 입력하기 193

12 아웃룩에서 프로젝트 관리하기 194

13 시작메뉴에 프로그램 등록하기 195

14 빠른 실행 아이콘 등록하기 196

15 메모장, 워드패드, 그림판 실행하기 197

16 워드패드에 이미지 삽입하기 198

17 그림판으로 그린 그림 이메일로 바로 보내기 199

18 그림판으로 그린 그림 바탕화면 설정하기 200

19 한컴쪽지 설치하기 201

20 한컴쪽지 알람 설정하기 203

21 한컴쪽지 네트워크 전송하기 204

22 바탕화면 설정하기 205

23 즐겨찾기 설정하기 206

24 즐겨찾기 내보내고 가져오기 207

25 화면 캡처하고 그림판으로 확인하기 209

| 프롤로그 |

왜 디지털 메모인가?

메모하는 습관은 수많은 매체를 통해 거듭 강조되어 왔다. 성공한 사람들은 한결같이 메모하는 습관이 현재의 자신을 만들었다고 말한다. 이노디자인 김영세 대표의 유명한 백만불짜리 냅킨 메모처럼 메모하는 습관으로 위대한 업적을 이룬 성공담은 쉽게 찾아볼 수 있다.

이처럼 메모 습관이 개인의 잠재력을 끌어내는 최고의 방법이라는 데 이의를 제기할 사람은 많지 않아 보인다. 하지만 '실천'의 문제가 해결되지 않는다면 메모의 필요성을 또다시 이야기한다는 것은 사족에 불과하다. 이제 실천의 문제에 집중

해야 한다. 나의 대답은 디지털 메모이다. 모두가 나름대로 실천하고는 있지만 결코 만족하지 못하는 메모 습관에 대해 조금 다른 시각에서 접근해 보고자 한다.

그러려면 먼저 기존의 메모 방식을 짚어볼 필요가 있다. 아날로그 방식의 메모에서 역설하는 내용에는 다음과 같은 몇 가지 원칙이 있다.

1. 종이와 펜을 반드시 휴대하여 언제든지 메모할 수 있도록 한다. 되도록이면 스케줄 관리를 쉽게 할 수 있는 다이어리를 준비한다.
2. 메모한 내용은 반드시 분류하고 정리하여 다음에 다시 확인할 수 있도록 한다.
3. 전화 메모나 회의중 메모 등 상황에 맞는 메모 형식을 준비해야 한다.

겉으로는 매우 단순하고 쉽게만 보인다. 그러나 간단해 보이는 이 원칙은 실천하는 데 상당한 어려움이 따른다. 물론 메모는 손으로 종이에 쓰는 것이 바람직하다. 손으로 쓰고, 눈으로 훑고, 입으로 소리 내어 읽으니 메모하는 방법으로 이보다 더 좋은 방법이 있을 수 없다. 굳이 손으로 필기하는 동작이 뇌를 활성화한다는 설명을 덧붙이지 않아도 말이다. 그런데 문제는 메모를 습관으로 만들기가 쉽지 않다는 데 있다. 그들은 대부분 메모하는 방식만을 논하다가 실패부터 경험한다. 맙소사! 정작 메모는 한 줄도 못하고 말이다.

메모를 습관화해 보겠다고 매년 새해가 시작되면 사람들은 근사한 만년필에 다이어리부터 장만한다. 새로 마련한 다이어리를 부지런히 들고 다니던 사람들도 수첩에 친구 이름이나 몇 자 적고 나면 그만이다. 그러다가 또 메모가 정작 필요할 때에는 다이어리를 휴대하지 않게 된다. 이건 휴대라는 전제조건에서부터 어긋나고 있는 것이다. 가방이라도 있다면 모를까, 맨몸으로 나갈 때면 주머니에 지갑과 열쇠 그리고 휴대전화만 넣어도 불룩하게 되므로 여간 불편한 게 아니다. 그래서 자신에게는 메모가 어울리지 않는다고, 아니 성격을 먼저 바꾸어야 한다고 생각하고 포기하고 만다. 과연 그럴까?

주변을 둘러보자. 항상 손이 닿는 곳에 어떤 것들이 있는가? 일반적으로 열쇠, 지갑 그리고 휴대전화(어쩌면 당신은 손에 들고 있는 휴대전화를 의식하지 못할지도 모른다) 정도일 것이다. 그리고 대부분의 사무직 노동자들은 하루 중 가장 많은 시간을 컴퓨터 앞에서 보낸다. 나도 모니터 대신 종이에 쓰고, 더 많은 인쇄물을 읽으려고 애쓰는데도 좀처럼 나아질 기미가 보이지 않는다. 가방 안의 상황은 또 어떤가? 아마도 디지털 카메라나 PDA(휴대용 데이터 단말기), MP3, PSP 같은 것들이 들어 있을 것이다. 환갑을 넘기신 어르신도 휴대전화 정도는 가지고 다니신다.

우리의 생활패턴이 이와 같다면 손이 닿는 곳에 있는 디지털 도구를 이용해서 메모하는 습관을 익히는 것은 어떨까? 나는 이러한 사고의 전환을 바로 이 책에서 말하려고 한다. 이 책에서 제안하는 디지털 메모의 기술은 메모하는 방식의 차이뿐만 아니라 실천을 위한 강력한 수단이다. 디지털 도구를 이용해 메모하는 습관을 내 것으로 만들겠다고 마음먹었다면 당신은 이미 절반의 성공을 이룬 것과 다름없다. 왜냐하면 당신에게 필요한 건 이미 모두 준비되어 있기 때문이다.

그렇다면 '디지털 메모'는 어떤 점에서 이로운 것일까?

1. 늘 주변에 있는 디지털 도구를 이용하여 메모 습관을 익힐 수 있다.
2. 메모를 다양한 기준으로 분류할 수 있으며(텍스트, 이미지, 음

원, html 등) 디지털 도구의 장점을 활용하여 새로운 가치 창출이나 시너지 효과를 기대할 수 있다.
3. 상황에 맞는 형식이 이미 준비되어 있기 때문에 형식적인 면에 신경 쓸 필요가 거의 없다.

많은 분들이 디지털 도구가 일상의 로망을 빼앗아가고 있다고 심히 우려 섞인 푸념을 하기도 한다. 맞는 말이기도 하고, 틀린 말이기도 하다. 오히려 일상의 로망이 사라져가고 있는 근본적인 이유는 현대인들의 일상이 너무도 많은 업무로 이루어져 있기 때문이라고 생각한다. 디지털 도구는 오히려 이러한 과중한 업무를 대변하는 것이지 그 이유가 되지는 않는다.

이 책은 디지털 기술을 이용하여 적극적으로 업무 시간을 단축시켜 개인의 여가 시간을 늘리라고 권한다. 생활의 여유로움을 위한 시간 절약의 기회를 대표적인 정보관리 도구인 디지

털 도구에서 찾으라는 것이다. 온갖 쓰레기 정보가 넘쳐나는 정보 과잉의 시대에는 정보 관리야말로 시간 관리이다. 디지털 메모의 기술은 이러한 맥락 속에서 함께 숨쉬고 있다.

이 책의 구성은 다음과 같다.

〈1부 메모가 디지털을 만났을 때〉에서는 '메모'와 '디지털'의 만남에 대해 이야기한다. 사람에 따라 정도의 차이는 있지만 '메모'라 하면 흔히 아날로그 방식의 종이와 펜을 떠올리기 십상이다. 이 책에서는 바로 그 '종이와 펜'의 자리에 '디지털 도구'가 대체되었을 때 그로 인해 얻게 될 이득에 대해 이야기한다. 주로 다음과 같은 의문에 대한 해법을 찾아보게 될 것이다.
"우리는 왜 메모하는 습관 길들이기에 그토록 자주 실패하는가?"
"메모를 어떻게 활용해야 하는가?"
"디지털 메모가 적당한 메모 도구가 될 수 있는가?"

이러한 물음에 대한 해법을 찾는 과정에서 과연 나에게 필요한 '메모'는 무엇이며, 그 메모를 '실천'하기 위해서는 어떤 노력과 준비가 필요한 것인지를 정리해 갈 것이다.

〈2부 즉각 반응하라!〉에서는 '어떻게'에 관한 방법론을 집중 조명한다. 상황별 디지털 도구의 선택 요령과 메모 사례를 통해 개개인에 적합한 메모 형태를 찾는다. 디지털 메모에는 '단순성'과 '신속성'이 가장 필요한 것임을 다시 한 번 강조한다. 이 두 가지를 잃는 순간 지속적인 실천을 통한 메모 습관은 저 멀리 달아나 버린다. 또한 '메모'는 '메모하는 것'에서 끝나지 않는다는 것을 잊지 말자.

〈3부 한곳에 모아라!〉에서는 '디지털 메모'만의 특별한 장점에 대해 본격적으로 이야기한다. 디지털 메모의 장점은 정보가 많을수록 효용이 더욱 높아지는 데 있으므로 최대한 많은 메모를 모으고 체계적으로 정리하고 분류해서 새로운 가치를 만들

어내는 방법에 대해 알아본다.

〈4부 영원한 생명력을 부여하라!〉에서는 '디지털 메모'만이 할 수 있는 최대의 가치 창조에 대해 집중 거론한다. 메모에 마법을 거는 과정이다. 시간과 공간을 초월한 메모, 항상 내 곁을 따라다니며 나에게 늘 이득을 가져다주는 메모로 탈바꿈되는 효과를 맛보게 될 것이다. 네트워크가 이를 가능하게 한다.

이 책에서는 먼저 '디지털 메모'가 무엇인지, 또 어떤 준비가 필요한지, 그 개념에 대해 정리해 본다. 그리고 나서 즉각 반응하여 메모하고, 한곳에 모아서, 최대의 효과를 얻을 수 있는 되새김 과정을 거치는 일련의 '메모' 행위에 대해 살펴본다. 마지막 부록에서는 본문에 언급되었던 실제적인 '디지털 도구'들을 다루는 방법을 소개하고 따라할 수 있도록 구성하여 '실천'할 수 있는 책이 되도록 하였다. 이 책의 주된 목적은 '실천하는 습관'에 있음을 기억해 주었으면 한다.

이 책이 나올 수 있기까지 많은 분들의 도움을 받았다. 시공사의 여러분과 집필에 많은 도움을 준 제자들 그리고 소개하지 못한 더 많은 사람들이 이 책에 대해 진지한 논의를 들려주었다. 과연 내가 쓴 책이 맞을까 싶다.

아울러 사뭇 진지한 디지털 메모 이야기 중에 간혹 섞여 들어간 실없는 농담은 퍽퍽한 건빵에 별사탕 정도로 생각해 주면 좋겠다. 농담을 걸듯 메모하는 것 자체가 하나의 '메모의 기술'로서 인생의 윤활유가 될 수 있기를 바란다.

2006년 가을

이석용

1부
메모가 디지털을 만났을 때

 디지털 시대에 어울리는 메모의 개념은 무엇일까? 메모와 디지털 도구가 결합되면 메모를 습관처럼 익히는 것이 더욱 쉬워진다.
 찜질방에서 앞뒤로 뒤집어가며 몸을 굽다가 옆자리 아주머니들의 대화 속에서 기특한 아이디어 하나가 번개처럼 떠올랐다. 이때 당신은 어떻게 할 것인가? 뛰쳐나가 메모지와 펜을 찾을 것인가? 아니면 그냥 샤워기의 흐르는 물과 함께 소중한 아이디어를 흘려보낼 것인가? 우리 범인들은 후자가 되고 만다. 그러나 생각해 보면 얼마나 안타까운 순간인가. 아! 좋은 생각이 났었는데……. 내용은 사라져버린 채 번개 맞은 사실만이 당신을 괴롭힐지 모른다. 지금 당장 당신의 손이 닿는 곳을 둘러보라. 아마도 카메라 기능까지 갖춘 휴대전화가 있을 것이다.

01 흙탕물에서 마실 물 구하기

사회학자들은 현대사회가 '피라미드식' 계층구조에서 '눈사람형' 계층구조로 옮겨가고 있다고 예측하고 있다. 피라미드는 풍만한 중간층과 하부층에 기반을 두고 안정적인 사회구조를 형성한다. 그런데 이러한 안정적인 사회 계층구조가 왜 하필이면 눈사람형으로 변해가는 걸까? 그것도 머리(상류계층)가 엄청나게 작은 눈사람으로. 이는 하부계층이 엄청나게 비대해짐과 동시에 중간층이 몰락해가고 있음을 그대로 보여주는 것이다. 그러면 눈사람의 머리와 몸통을 나누는 근본적인 원인은 어디에 있을까? 바로 '정보'에 있다. 정보를 제공하는 자는 작은 머리, 즉 상류계층에 포함되고 정보를 제공받는 자는 몸통, 즉 하류계층에 편입되고 마는 것이다. 도대체 '정보'가 무엇이기에 이렇듯 현대판 신분계급을 만들고 있는 것일까?

그런데 정보란 도처에 존재하지 않는가? 우리가 매일 접하는 텔레비전이나 신문 같은 전통적인 대중매체와 정보의 바다라 부를 만한 인터넷에서는 쉴 새 없이 정보가 넘쳐나고 있다. 심지어는 군사 기관의 전유물이었던 항공사진마저도 일반인에게 노출되고 있다. 그런데 우리는 왜 여전히 정보에 갈증을 느끼는 것일까? 이 물음에는 다음과 같은 말을 되새겨봐야 할 것이다.

"홍수에는 오히려 마실 물이 귀하다."

그렇다. 우리는 정보의 홍수 속에서 허우적거리고 있지만 정작 마실 물이 없는 홍수는 가뭄보다 못한 재앙에 불과하다. 실제로 우리는 이 현실을 피부로 직접 느끼고 있다. 거짓 정보에 현혹되어 허우적대면서 쉽사리 빠져나오지 못하고 있다. 그

래서 목표는 더욱 뚜렷해진다. 우리는 정보의 흙탕물 속에서 생명수와도 같은 '마실 물'을 찾아야 한다. 뿌연 흙탕물을 걸러낼 나만의 '휴대용 정수 필터'를 마련해야 한다. 그래서 언제 어디서나 습관처럼 마실 물을 걸러 마실 수 있어야 한다. 이 책은 그 필터로서 '디지털 메모'를 제안한다.

홍수의 흙탕물 속에서 마실 물을 걸러내는 필터는 '메모'가 맡을 수 있고, 이를 습관, 즉 실천으로 만들어주는 것은 '디지털'이 담당할 수 있다. 아무리 잘 차려진 뷔페라고 해도 내 접시에 담아오지 않으면 먹을 수 없다. '정보'도 마찬가지이다. 좋은 정보는 스스로 판단하고, 선택하고, 섭취하면서 거듭날 수 있다. 장소를 옮겼다는 사실을 제외하고는 정보 자체는 별다른 변화가 없어 보이지만 그 순간 엄청난 가치가 부여되기 시작한다. 이때 접시와 젓가락이 중요한 역할을 담당했다는 것을 기억하자. 접시와 젓가락을 찾느라 또는 휴대하느라 고생하고 애먹는다면 그만큼 좋은 정보를 얻기 힘들어진다. 적어도 매번 그와 같은 행위를 반복하기는 쉽지 않을 것이다. '디지털 도구'는 이런 가려운 부분을 시원하게 긁어줄 수 있다.

02 메모 습관에 실패하는 이유

홍 대리는 최근 직장을 옮겼다. 좀더 나은 임금과 업무환경을 위해서였다. 그는 새로 옮긴 직장에 잘 적응하는 것은 물론 실력과 꼼꼼한 업무처리로 주목받고 싶었다. 그러기 위해서는 신속한 업무 파악과 신선한 아이디어가 반드시 필요했다. 홍 대리가 선택한 방법은 바로 '메모.' 유명인사들의 성공담은 뒤로 하더라도 본인 역시 번번이 놓치고 마는 아이디어가 아쉬웠던 경험 때문이었다. 번개 맞았던 기억만 남고 번개의 내용이 생각나지 않을 때 그는 무척 곤혹스러웠다.

우선 그는 손안에 들어오는 작은 3M 포스트잇 메모지와 볼펜으로 시작했다. 작기 때문에 그리 큰 부담은 없었다. 휴대전화를 하나 더 들고 다닌다고 생각하면 그만이었다. 홍 대리는 친구들을 만나 맥주를 마실 때도, 출장을 갈 때도, 심지어 회사 체육대회에도 메모지와 볼펜을 어김없이 가지고 다녔다. 주머니나 가방에 넣을 때도 있었고 목에 걸고 다닌 적도 있었다. 그런데 시간이 흐를수록 메모지와 볼펜이 거추장스럽게 느껴지기 시작했다. 휴대전화로 불룩한 바지 주머니에 애써 메모지를 챙겨 가지고 나갔다가 메모를 하지 않고 자리로 돌아오는 일이

늘어나기 시작했기 때문이다. 게다가 메모지와 함께 휴대전화를 주머니에서 꺼내 놓았다가 잃어버린 기억이라도 있다면 '메모지만 아니었다면…….' 하고 생각했을 것이다. 그래서 점점 메모지와 볼펜을 지니지 않는 날이 늘게 되었다. 문제는 여기에서 그치지 않았다. 잠자리에 들기 전에 그날의 일과를 정리하겠다고 다짐했지만 그마저도 지키기 힘들어진 것이다. 처음에는 매일매일 메모를 정리하는 시간을 가졌다. 그러나 날이 갈수록 메모를 분류해야 하는 생각지도 않던 고민이 그를 괴롭혔기 때문이다. 거래처 김 대리의 명함은 어떻게 분류해야 하지? 회사명으로? 이름으로? 게다가 업무상 중요한 약속이 생기면 사무실 탁상달력에 기록하고 그러고도 모자라 아웃룩에, 책상 곳곳에, 심지어 지갑에도 포스트잇을 붙여 메모해두지만 집에 돌아와서는 정리하며 다시 또 다이어리로 옮겨야했다. 다이어리에서 컴퓨터로, 컴퓨터에 있는 걸 다시 다이어리로, 메모장으로 동일한 정보를 왔다갔다 옮기는 일이 반복되었다. 메모의 분량이 많아지면 많아질수록 그 불안감은 커져갔다. 다음 달에는 이사를 해야 하는데 여기저기 흩어져 있는 방대한 스크랩과 메모지들 때문에 마음이 놓이질 않는다. 저걸 언제 날 잡아 정리해야 하는데……. 결국 홍 대리는 자신이 메모와는 그리 인연이 없는 것으로 단정하고 모든 것을 포기하고 만다.

 메모가 습관이 되기까지의 여정에서 암초와 같은 몇 가지 요소들을 체크해 보았다. 앞의 상황에서 공감하는 부분이 몇 가지나 있는가? 실패의 경험을 통해서 우리는 앞으로 나아가야 한다.

1. 휴대는 용이한가?
2. 정보 분류 체계의 기준은 명확한가?
3. 정보가 분산되어 비효율적인가?
4. 보관과 관리의 측면에서 시간과 공간의 제약은 없는가?

 이 암초들은 당신이 메모를 습관으로 정착하기까지 반드시 풀어야 할 숙제이다. 하지만 정작 문제는 메모를 처음 시작하여 습관으로 만들고자 하는 바로 '지금'뿐이다. 디지털 메모는 이 암초들에 대한 명확한 해결책을 제시한다.

 1. 휴대의 편의성 : 최근의 생활패턴에 비춰보면 휴대전화나 디지털 카

메라는 항상 휴대하는 필수품이 되었다. 이제 우리는 메모지 대신 이 정보기기들을 사용할 것이다.

2. 분류체계 : 정해진 폴더나 카테고리에 입력하는 것만으로 분류나 정리의 고민에서 해방될 수 있다. 필요한 분류 항목으로 언제든지 재정리 소트(Sort)할 수 있다. 디지털 정보의 막강한 장점이 여기에 있다.

3. 효율 : 디지털 메모는 정보가 많을수록 효율성이 더 커진다. 정보와 정보 간의 시너지 효과 역시 기대할 수 있다. 양적 변화가 질적 변화를 가져온다는 전제를 만족시키는 공간이 바로 디지털 공간이다. 다양한 정보들의 결합은 예기치 못한 결과를 낳는다. 또한 정보에 추가하는 디지털 기능은 전혀 새로운 요구를 충족시킨다. 스케줄 알람과 같은 기능이 좋은 예이다.

4. 시·공간의 제약성 : 가상의 공간에 업로드(Upload)하는 것만으로도 보관과 관리에서 시·공간의 제약성에서 탈피할 수 있다.

디지털 도구를 이용하면 생각보다 쉽게 메모에 접근할 수 있다. 디지털 도구를 활용한 뒤 아날로그 메모를 통해 얻는 즐거움과 장점도 욕심을 내보자. 메모를 통해 얻는 즐거움은 꼼꼼한 성격만이 얻을 수 있는 전유물이 아니다. 조금은 덤벙거려도 메모의 필요성을 절실히 느끼는 것이 중요하다. 이제 즐겁게 번개를 맞고 아이디어 샤워를 즐기는 즐거운 여정에 참여해 보자.

03 디지털 메모의 장점

메모가 습관이 되기 위해서는 메모가 떠오를 때 언제 어디서나 메모를 할 수 있어야 한다. 메모를 해야 하는데 주변에 종이나 필기구가 없을 땐 죄의식(?)을 갖지 말고 휴대전화나 디지털 카메라를 이용하자는 것이다. 어쩔 수 없이 하는 것이 아니라 최선을 다해서 말이다. 이 순간 당신은 더욱 영리해져야 한다. 아날로그 메모와 디지털 메모의 장점을 모두 취해야 하기 때문이다. 그래서 일상의 사소한 일정도 놓치지 말고, 번뜩이는 아이디어도 꼭 붙들어 매어 놓자. 취지는 좋은데 혹시 두 마리 토끼를 좇다가 두 마리 모두를 놓치는 것은 아닐까? 잘 길들여진 하나의 도구만을 사용하는 것이 낫지 않을까? 이렇게 생각할 수도 있다. 그래서 이 대목에서는 매우 중요한 규칙이 필요하다. 바로 "즉각 반응하라!"이다. 흰 고양이든 검은 고양이든 상관없다. 그저 쥐만 잡으면 되는 것이다.

디지털 카메라는 이런 신속성에서 따를 도구가 없다. 일반적으로 아날로그 메모는 종이에 펜으로 기록하는 메모이다. 디지털 메모는 휴대전화, 디지털 카메라, 물론 당연히 컴퓨터를 포함한 디지털 기기들을 이용하여 메모하는 것을 말한다. '디카로 무슨 메모를 할 수 있을까?' 하며 의아해할 수도 있지만 기억을 돕기 위해 '글'이 아니라 '이미지'를 이용한다는 것만이 다를 뿐 여기서는 넓은 의미의 메모 행위로 본다. 그런데도 디지털 메모가 더 '즉각적으로 반응할 수 있다.'고 말하는 것은 무슨 이유에서인가? 이유는 명백하다. 우리는 이제 필기구보다 디지털 도구가 더 친숙한 세대와 함께하고 있기 때문이다.

10년 전만 해도 전혀 가당치 않은 소리임에 틀림없다. 그 쉬운 종이에 메모하는 것을 버리고 일부러 디지털 기기를 이용해 메모하라고? 디지털화된 정보의 장점을 아무리 설명해도 설득력이 있을 리 없다. 그때만 하더라도 디지털 도구는 미래의 수단이며 찾아가야 하는 도구였다. 지금 돌이켜보면 그때의 PC는 오히려 향수를 불러일으킨다. 지금의 상황은 어떠한가? 휴대전화는 이미 신체의 일부가 되어버렸다. 더구나 하루의 일상을 그대로 디지털 카메라에 담아 웹상에 공개하는 1인 매체의 문화가 오늘에 그치지는 않을 것이다. PC도 마찬가지이다. 분명한 것은 아날로그 메모 도구보다 디지털 메모 도구가 더 가까운 곳에 있다는 사실이다.

아날로그 메모보다 디지털 메모가 더욱 즉각적일 수 있는 두 번째 이유는 실제 활용의 문제에서 두드러진다. 아날로그 메모를 단지 종이에 펜으로 기록하는 것만으로 생각한다면 오산이다. 메모란 기록하는 것 자체도 중요하지만 다시 확인할 때 비로소 가치를 갖기 때문이다. 기록하고 확인하는 중간 단계에는 분류하고 정리하는 과정이 필요하다. 10년간 쓴 노트가 '10년만큼의 아이디어'가 되려면 언제 어디서든 필요한 아이디어를 꺼낼 수 있어야 한다. 그럴 수 있으려면 치밀하게 분류하고 정리해 놓아야 한다. 이런 측면까지 고려한다면 디지털 메모가 더 즉각적이라고 생각한다. 디지털의 속성과 기능이 중간 과정의 상당 부분을 단축시켜 주기 때문이다.

혹시 온갖 디지털 도구에 익숙한 N세대 젊은이들에 기준을 두었기 때문이라고 생각할 수도 있다. 그러나 이 책은 디지털 도구에 익숙하지 않은 사람들도 염두에 두고 집필된 것이다. 디지털 도구에 익숙하지 않은 계층도 결코 디지털 도구를 다룰 능력이 부족한 것은 아니다. 단적인 예로 우리의 어머니들은 곧잘 인터넷 고스톱의 세계에 몰입하곤 하신다. 게다가 사이버머니가 떨어지면 가족들의 계정을 손수 만들어서 사이버머니를 몰아주도록 하는 방법(일명 고스톱 머니 돌려막기)도 아신다. 또는 백화점 영수증을 인터넷 홈페이지에 입력하여 행운을 기대하는 이벤트가 있으면 적극적으로 참여하기도 한다. 이는 디지털 도구가 어려워서가 아니라 필요성을 느끼지 못해 거리를 두었다는 반증이기도 하다. 누구에게나 디지털 메모의 필요성을 절감하면 디지털 도구를 다루는 기술쯤은 충분히 익힐 수 있다.

> ▣ 디지털 도구는 생각보다 다루기 쉽다. 메모를 위한 단순한 기능만을 익히는 것이 결코 어렵지 않다는 것이다. 즉각적일 수 있는 효용성에 주목하자.

메모는 신속하게 기록하는 기술이다. 디지털이든 아날로그이든 메모할 것이 생각나면 손에 잡히는 것에 메모를 하면 그만이다. 그리고는 주머니에 쑤셔 박든, 책갈피에 꽂아두든 당시에는 중요치 않다. 다만 이 '반쪽'의 메모가 정말로 나에게 이득으로 돌아오게 되는 순간은 메모를 하나로 모을 때이다. 일정 기간마다 메모를 한곳으로 모으면서 사람들은 자연스레 머리 속에 정리하고 추리하며 정보와 정보들 간의 새로운 시너지 효과까지도 얻을 수 있다. 메모하는 기술만큼이나 메모를 한데 모으는 기술도 중요하다.

디지털 도구는 메모를 한곳에 모으는 데 매우 탁월한 기능을 가지고 있다. 메모를 한곳에 모으라는 것이 단지 장소의 통일만을 의미하지 않기 때문에 더욱 그렇다. 메모를 한곳에 모으는 이유는 자주 확인하고 그로 인해 새로운 가치를 얻어내기 위해서이다. 메모를 지원하는 디지털 기기들은 정리된 메모가 많으면 많을수록 더욱 막강한 능력을 발휘한다. 바로 다양한 분류(Sort) 방식과 신속한 검색(Search) 기능이 그것이다.

04 디지털 마인드

'디지털 마인드'라고 하면 마치 인간적인 감성을 버리고 기계적인 냉혹함으로 살아가라는 느낌을 받는지 강한 거부감으로 불편해하는 사람들이 있다. 디지털 도구를 이용해 메모를 하려면 '내'가 '디지털 도구'에 맞추는 것이 아니라 '디지털 도구'를 '나'에게 맞춰야 한다. 훌륭한 감독은 선수들의 장단점을 파악한 후 경기에 기용한다. 마찬가지로 디지털 기기를 이용하여 요긴한 메모를 남기려면 디지털 기기의 구성원리를 이해해야 한다.

정보나 메모와 관련해서 이해가 필요한 디지털 마인드는 크게 세 가지 정도를 꼽을 수 있다.

첫째, 시간과 공간의 제약에서 자유롭다. 원자(原子)가 아닌 비트(Bit)로 구성된 디지털은 복제(Clone)가 쉬울 뿐만 아니라 시간과 공간의 제약을 거의 받지 않는다. 디지털을 이용하면 메모의 쓰임새를 증폭시킬 수 있다. 아날로그 메모는 시간과 공간의 제약을 받는다. 예를 들어 다이어리에 빼곡히 적힌 스케줄과 아이디어 메모가 지금 당장 내 옆에 없다면 아무런 소용이 없는 것이다. '집에 있는 금송아지'처럼 말이다. 너무도 당연한 말 아닌가? 그러나 디지털 데이터의 속성은 시간과 공간의 제약에서 자유로울 수 있다. 메모를 작성해서 네트워크에 저장해 두기만 하면 가지고 다니지 않아도 언제 어디서나 메모를 확인할 수 있다.

둘째, '하이퍼텍스트(Hypertext)' 기능이 있다. 이는 두 개의 관련된 정보를 서로 연결시키는 기술이다. 웹 페이지에서 이미지를 클릭했더니 이미지에 대한 상세한 정보가 나와 있는 다른 페이지로 이동하는 것도 하이퍼텍스트 기능을 이용한 것이다. 디지털은 각각의 속성을 가지고 다양한 정리와 검색을 할 수 있다. 이 점 역시 매우 중요하다. 우리가 흔히 알고 있는 인터넷 검색창에는 'http://www~'라고 주소가 시작하는데 이 'http'가 바로 '하이퍼 텍스트 트랜스포트 프로토콜(hypertext transport protocol)'의 줄임말이다.

축적된 메모는 분량도 분량이지만 카테고리, 즉 분류 역시 매우 다양하다. 메모의 양이 많아질수록 메모의 재사용은 불리하다. 이때 하이퍼텍스트 기능은 관련 카테고리나 키워드로 메모를 분류하여 묶어 준다. 하나의 관심사에 대해 하나로 꿰어진 먹기 좋은 메모군(##)을 제공한다는 것이다.

셋째, 디지털 정보는 계속 성장한다. 온라인 커뮤니티를 통해 형성된 정보는 쉬지 않고 성장하며, 정보 자체가 커뮤니티를 형성하기도 한다. 아주 매력적인 부분이다. 예를 들어 우리가 그토록 간절히 개발하고 싶은 '스스로 생각하는 컴퓨터', 즉 지능형 컴퓨터는 이미 온라인 커뮤니티에 구현되고 있다. 약간 믿을 수 없다는 것만 제외하고는. 영화 〈매트릭스〉를 보면 그리 엉뚱한 생각도 아닌 것 같다.

온라인 커뮤니티에 '○○○전시회, 이번 주 금요일 오후 2시 대학로에서'란 간단한 스케줄을 올렸다고 가정해 보자. 또 누군가가 '○○○도 작품을 전시하더라……' 하고 덧붙이고, 또 누군가가 '뒷풀이도 있다더라……' 하고 덧붙여 결국 메모는 상당히 자세한 스케줄이 되어 돌아온다. 메모를 공유하게 되면 상상할 수도 없을 정도의 막강한 정보로 내게 돌아올 수도 있다.

그렇다면 디지털 마인드의 특징이 아날로그에는 전혀 해당되지 않을까? 아날로그 메모도 복사할 수 있으며, 카테고리별로 분류할 수 있고, 커뮤니티를 형성할 수 있다. 그러나 아날로그 메모에서는 정보의 공유가 결코 쉽지 않을 뿐만 아니라 가치의 증폭을 기대하기가 쉽지 않다.

05 컴맹은 안 되겠니?

컴맹은 어떤 사람을 말할까? 의견이 분분할 수 있지만 아마도 컴퓨터 전원을 켜고도 딱히 할 줄 아는 것이 없는 사람이 아닐까? 전원을 켜지 못하는 사람은 거의 없을 것이다. 전원을 켜고 딱히 '할 줄 아는 것이 없다'는 것은 '할 것이 없다는 것'과 비슷하다. 해야 할 것이 있었다면 여태껏 컴맹으로 남아 있지 않았을 테니까. 바꾸어 말하면 컴퓨터가 없이도 사는 데 크게 지장이 없는 사람이 컴맹이다. 크게 지장이 없다면 모르고 살아도 좋다. 그런데 문제는 컴퓨터가 일상이나 업무에 반드시 필요해 꼭 배워야겠는데 너무도 멀게만 느껴져서 엄두를 못 내고 있는 경우이다. 이런 사람들은 컴달(達)에 주목해 보자. 컴달은 컴맹에 반대되는 급조어이다. 컴퓨터 박사는 있지만 컴퓨터의 모든 것을 아는 사람은 없다? 물론 하드웨어, 즉 본체나 키보드, 모니터 등에 통달한 사람은 있을 수 있다. 그런데 컴퓨터란 하드웨어로만 이루어지지 않았다. 오히려 더 중요한 것은 소프트웨어이다. 컴퓨터로 문서를 작성하거나 그림을 그리거나 수학문제를 풀거나 하는 거의 모든 작업을 이 소프트웨어가 담당한다. 이 모든 소프트웨어를 다 아는 컴달은 없다. 아니 있

을 수 없다. 빌 게이츠도 이런 측면에서는 컴달이 아니다. 결국 컴퓨터를 잘 다룬다는 말은 나에게 필요한 한두 가지 프로그램 정도만 숙지하면 된다는 말이다. 윈도우즈와 같은 운영체제(Operating System)를 다루는 법 약간과 나에게 필요한 프로그램을 다루는 정도면 컴맹을 탈출하는 것은 물론이고 오히려 컴달과도 다름이 없다. 과장이 아니다. 컴퓨터가 고장 났을 때 고칠 줄 아는 사람이 컴달이 아니다. 나에게 필요한 작업을 컴퓨터를 통해 훌륭히 보조받을 수 있으면 컴달이다. 앞서 컴맹은 업무는 물론이고 컴퓨터 없이도 사는 데 문제가 없는 사람일 확률이 크다고 했다. 그래서 배우기 어려웠던 것이다. 이처럼 컴맹에서 탈출하는 좋은 방법은 바로 좋은 쓸모를 만드는 것이다. 아마도 〈싸이월드〉의 '미니홈피' 때문에 컴맹에서 탈피한 사람들도 많을 것이다. 게다가 포토샵으로 이미지를 편집해 올리는 기술까지 터득하게 되리라고는 본인도 미처 알지 못했으리라. 혹시 자신을 컴맹이라고 생각하는 사람이 있다면 다음을 기억하시라.

- '필요성'을 부여하라. 뭔가 매일 해야 할 일을 만들어라. 블로그나 카페, 미니홈피를 만드는 것도 좋은 방법이다.
- 쉬운 것부터 하나씩 해나가라. 인터넷을 정복하겠다면 우선 웹 사이트 주소 입력하기, 페이지 넘나들기, 회원 가입하기 등의 수순을 밟아 하나씩 정복해라.
- 당장 결실을 볼 수 있는 기술을 하나씩 익혀라. 예를 들어 종이에 출력을 한다든지, 이메일을 보낸다든지(상대방 험담을 하면 대번에 반응이 온다), 인터넷 퀴즈에 응모한다든지 말이다.

디지털 메모라고 하면 컴맹이라는 이유로 엄두도 내지 못하는 사람들도 이제 생각을 바꾸어야 한다. 이제 당신에게는 '메모'라는 강력한 필요가 생겼다. 이 기회를 통해 컴맹에서도 탈피하고 디지털 메모의 달인이 되어보는 것은 어떨까? 지금 디지털 메모는 그 기회를 부여하고 있다.

06 메모광의 성격

꼼꼼한 사람들은 이미 어떤 방법으로든 메모를 실천하고 있을 것이다. 문제는 대부분의 덤벙거리는 성격의 소유자들이다. 아날로그 방식의 메모는 꼼꼼해야 할 수 있다. 항상 메모할 수 있는 펜과 종이를 가지고 다녀야 하는데다 메모한 결과를 분류하고 정리해서 장기간 보관해야 하기 때문이다. 꼼꼼하지 않은 사람이 이를 흉내 내기란 쉽지 않다. 그렇다면 덜렁거리는 사람들은 어쩌란 말인가? 메모를 하기 위해 성격을 개조하라는 말인가? 성격과 메모와의 상관관계를 살펴보자.

웬만한 여성들은 다이어리 하나쯤은 갖고 있다. 이렇게 다이어리를 사용하는 사람들은 이미 말하지 않아도 디지털 도구를 이용한 메모의 기술도 자기 나름대로 터득하고 있을 것이다. 문제는 그 메모를 작성하는 것에만 만족할 것이 아니라 어떻게 소화해서 새로운 가치를 얻어낼까 하는 데 있다.

덜렁대는 여성들은 두 부류로 나누어 볼 수 있다. 먼저 중성적인 매력을 발산해 나름의 개성을 만든 사람들이다. 당연히 아기자기하고 꼼꼼한 메모는 경원시한다. 이런 사람들은 미니홈피보다는 블로그가 더 어울린다. 네이버 블로그 서비스가 시작되면서 싸이홈피에서 사라진 사람들 가운데 이 유형이 많다. 하지만 이런 사람들도 메모로 그동안 손해 보았던 인생의 돌파구를 마련해 보라고 권하고 싶다. 무언가 노력을 해야겠는데 좀처럼 생각나지 않거나 백약이 무효한 경우 디지털 메모를 신중히 고려해 보라는 것이다. 휴대전화에 은행 계좌번호를 메모하는 것부터 시작해 보자.

문제는 어정쩡한 중간 성격의 사람들이다. 꼼꼼해지고 싶은데 마음 같지 않다. 다이어리도 물론 있다. 해마다 앞부분만 쓰다 말곤 한다. 그리고 문제점을 정확히 인지하지 못하고 허둥댄다. 왜? 내 다이어리는 늘 텅 비어 있으니까. 소스가 없으니 당연하다. 이런 경우에는 끈질기게 계속할 수 있는 뭔가가 필요하다. 디지털 카메라나 휴대전화에 내장된 폰 카메라로 '시장보기'와 같은 메모에 도전해 보라. 이 또한 쌓이고 누적되면 멋들어진 결과물을 얻을 수 있을 것이다. 자신이 만들어낸 결과물로 남다른 성취감을 얻게 되면 습관으로 정착되고 지속될 수 있는 확률은 더욱 높아진다.

꼼꼼한 남성들은 여성 뺨치게(?) 정리를 잘한다. 심지어 다이어리를 작품으로 만들어 보이는 재주도 있다. 어찌 보면 메모할 필요도 없어 보인다. 늘 머리 속에 기억하고 있는 것처럼 보이기 때문이다. 기왕의 메모를 더욱 가치 있게 하는 방법에 도전해 보자.

덜렁거리는 남성에게는 사실 메모란 말도 꺼내기 미안하다. 출근하려면 적어도 세 번 정도는 들락거려야 하는 사람에게는 메모를 권장하기보다는 '차조심'부터 하라고 당부하고 싶다. 하지만 이런 사람들이야말로 이 책을 통해 메모의 필요성을 인지하고, 본인에게 적합한 메모를 선택해 그 중 하나를 끈질기게 '습관'으로 만들어야 한다.

개인적으로 여성에게 메모는 '내적인 기록'이 주된 관심사처럼 보이고, 남성들에게는 '사회적 역량'을 쌓기 위한 하나의 도구처럼 비쳐지는 것 같다. 어떤 목적이든지 자신을 누구보다도 잘 아는 사람은 역시 본인이다. 자신의 성격에 맞는 메모 패턴을 찾아 한 걸음 앞으로 나아가 보자.

07 스케줄 메모와 아이디어 메모

이제 본격적으로 실전에 들어가기 전에 스케줄 메모와 아이디어 메모로 나누어 생각해 보자. 그런데 메모를 이렇게 굳이 구분할 필요가 있을까?

메모의 필요성은 늘 생각하지만 쉽게 습관으로 길들이지 못하는 사람들은 스케줄 메모와 아이디어 메모 중 절실한 부분부터 시작해야 한다. 메모가 습관이 되지 못하는 이유 중에는 '메모=스케줄 메모+아이디어 메모=일상의 모든 잡다한 일들을 기록하는 매우 장황한 작업'쯤으로 인식하기 때문이다. 메모하는 일상이 부담으로 다가오면 결코 습관이 될 수 없다. 본인 스스로 여러 가지 상황을 고려해 스케줄 메모든지 아이디어 메모든지 어느 한 메모부터 습관이 될 수 있도록 노력하자. 자신에게 스케줄 메모가 필요한지 아니면 아이디어 메모가 필요한지에 대해 구분해야 하는 또 다른 이유는 바로 적당한 디지털 도구를 선택해야 하기 때문이다. 디지털 메모를 한층 더 효율적으로 이용하기 위해서는 어떤 디지털 도구를 사용할 것인지가 매우 중요하다. 디지털 메모의 핵심은 '손에 잡히는 도구, 즉 늘 내 옆에 있는 디지털 도구로 메모하고, 다시 디지털 도구로 되새김질해서 메모를 습관으로 만들고 메모의 효율을 극대화 시키자'는 것이다. 되새김질할 때 필요한 디지털 도구는 상황에 맞는 적당한 것을 선택해야 효율을 극대화시킬 수 있다.

- 초보 메모자일수록 스케줄 메모나 아이디어 메모 어느 한 가지부터 시작해서 습관으로 만들자!
- 메모를 정리하는 '되새김질 메모'를 위한 디지털 도구를 상황에 맞도록 선택하자!

메모하는 습관 역시 두루뭉술한 목적을 가지는 것보다 정확한 목표를 설정하는 편이 습관으로 자리 잡는 데 큰 효과를 가져올 수 있다. 그렇다면 상황에 맞는 메모는 어떻게 판단할 수 있을까? 가장 간단한 기준으로는 직업 또는 업무별로 구분할 수 있다. 대학 입시를 준비하는 고교생에게는 스케줄 메모보다는 아이디어 메모가 더욱 필요할 것이고, 부동산 중개업에 종사하는 사람에게는 아이디어 메모보다 스케줄 메모가 더욱 절실할 것이다. 일반적으로 그렇다는 것이다.

스케줄 메모나 아이디어 메모로 분류하는 것은 메모를 습관으로 만들기 위해서이다. 서로 배타적인 작업이 아닌 것이다. 우리는 너무 방대하고 거북한 계획으로 실패해 버린 쓰린 기억들이 많다. 메모만큼은 꼭 습관으로 만들자. 그래서 좀더 접근하기 쉬운 디지털 메모의 기술을 말하고 있는 것이다.

다음과 같은 일들이 남의 일처럼 느껴진다면 스케줄 메모와 아이디어 메모를 함께 시작해도 좋다.

- 제1장 명사편만 공부한 영문법 책을 가지고 있다.
- 세상에서 제일 쉬운 것이 금연이라며 자주 금연을 실시한다.
- 흘러내린 뱃살을 가지고 있다. 아예 운동을 시작하지 않았다면 밋밋하기라도 했을 것을…….
- 표지에는 분명 '사회노트'라고 써 있고 형형색색 정리도 잘 되어 있는데 뒷부분에는 국민윤리나 역사 노트로 쓰이고 있다.
- 오랜만에 들여다본 서랍에서 1년 전 자신의 스케줄이 메모된 것을 보고 깜짝 놀란다.

1) 기록으로 기억하는 스케줄 메모

스케줄 메모는 '어느 날 무슨 일'을 할 것인지 혹은 '했는지'에 대한 기록이다. 이와 같은 기억 메모는 기록하는 방식으로 기억하는 데 가치가 있다. 메모하고 나서 메모한 사실을 기억하지 못하거나 다시 확인하지 않는다면 그 메모는 가치 없는 것으로 전락하고 만다.

　현대사회의 복잡한 일상과 인간관계를 대변하듯 대부분 친구들과의 저녁 약속에서부터 거래처와의 업무 회의 등 다양한 스케줄이 있게 마련이다. 스케줄 메모의 핵심은 '미리 아는 것'에 있다. 미리 알아서 준비할 수 있는 여유를 제공받을 수 있어야 좋은 스케줄 메모라 할 수 있다. 바로 이 부분에서 디지털 도구를 이용하면 된다. 내가 작업하는 공간과 시간 테두리 안에서 스케줄 알람을 제공받을 수 있다. 또 정확하고 안전하다. 스케줄 메모의 또 다른 체크 포인트는 '일정 기간 동안 스케줄간의 상관관계'를 한눈에 파악할 수 있어야 한다는 것이다. 마치 작업 공정표처럼 말이다. 이 또한 시간적 여유를 가져

다준다. 이 밖에도 가까운 협력자들의 스케줄을 확인하며 도움을 받을 수 있는 기능이라든지, '중요한 정도를 기준으로 선별할 수 있도록 하는' 기능 등은 바로 '디지털 방식'에서 도움받을 수 있다. 주로 매니저(Manager)라고 불리는 직업군의 사람들은 스케줄 관리가 곧 그들의 핵심 업무이며 능력과도 직결된다. 가장 일상적이면서도 간단해 보이는 스케줄 메모에 아날로그 방식은 물론 디지털 방식까지 총동원해서 최선을 다하는 이유가 여기에 있다. 게다가 현대 도시사회에 포함되는 모든 구성원들에게 인간관계 및 업무관계는 그리 호락호락하지 않다. 적극적으로 스케줄 관리에 힘쓰고 있다고 하더라도 스케줄이 누락되거나 집중되는 일은 비일비재하다.

>>> **디지털 도구를 선택할 때의 기준**
- 스케줄을 미리 체크할 수 있는가?
- 스케줄과 스케줄 간의 상관관계를 체크할 수 있는가?
  ex) 휴대전화와 연동되는 PC 스케줄러 (▶부록 04, ▶부록 10 참조)

2) 디지털로 잡는 번개, 아이디어 메모

아이디어 메모는 일상 속에서 스치는 반짝 아이디어를 기록으로 기억하는 것이다. 간혹 기발한 아이디어가 떠오르는 것을 '마른번개에 맞는 것'으로 비유하곤 한다. 성공하는 사람들은 이 순간을 놓치지 않는다. 거스 히딩크 감독은 선수들의 장단점을 그 즉시 녹음했으며, 이노디자인의 김영세 사장은 식당에서 불현듯 떠오르는 아이디어를 쉽게 손에 잡히는 냅킨에 남겼다. 그러나 실패하는 사람들은 번개에 맞았다는 사실만을 기억한다.

아이디어 메모의 핵심은 '신속성'에 있다. 메모지와 펜이 있으면 메모지에 펜으로 기록하고 종이가 없으면 냅킨에라도 기록하라. 그것마저 없으면 여러분들의 주머니를 뒤적거려봐라! 휴대전화라도 있을 것이다. 없다면? 당신 손에 있다. 중요한 것은 기억력을 믿지 말고 기록해야 한다. 1분에 300타를 자랑하는 당신의 엄지손가락으로 휴대전화에 기록하든 목소리를 녹음하든 디지털 카메라로 찍든 간에 말이다. 어떤 형식에도 구애받지 않는 기록이 오히려 상상력을 자극할 수 있다.

> **》》 아이디어 메모를 위한 디지털 도구를 선택할 때의 기준**
> - 신속하게 아이디어를 기록할 수 있는가?
> - 다양한 매체를 활용하여 생각나는 대로 기록할 수 있는가?
>   ex) 카메라가 내장된 휴대전화, 음성녹음(보이스 레코더) 기능이 내장된 휴대전화, PC에서 신속하게 사용할 수 있는 소프트웨어
>   (▶ 부록 15 : 메모장, 워드패드, 그림판 실행하기)

키보드 100타, 휴대전화 300타

요즘 젊은 세대들의 휴대전화 타이핑 능력은 거의 신기에 가깝다. 200타니 300타니 하는 분당 타이핑 속도는 차치하더라도 휴대전화를 보지 않고 책상 밑에서 문자메시지를 자유자재로 보내는 상황을 마주하면 할 말을 잃고 만다. 오죽하면 '엄지족'이라는 말이 생겨났을까? 물론 이런 진기명기도 필요 때문에 생겨난 것이다. 어떤 남매가 거실에 함께 있으면서도 문자메시지로 대화하는 결코 웃어넘길 수 없는 상황 역시 방송에 등장하고 있다. 우리들의 1318세대가 이럴진대 5년 후 우리의 통신문화는 오죽할까. 기린의 목을 길게 만든 높은 가지 위 열매가 잘못된 것일까? 우리는 예측해야 한다. 또 변화하는 추

이를 지켜보고 미리 예상해야 한다.

이런저런 상황들을 살펴본다면 휴대전화를 비롯한 여러 디지털 도구가 앞으로도 우리 생활 깊숙이 들어올 것은 물론이고 메모의 도구로도 한층 더 활용될 것은 자명하다. 그런데 때로는 휴대전화 타이핑 속도가 늦거나 아예 자신이 없는 경우 디지털 세상에는 내 자리가 없는 것으로 착각하는 경우가 많다. 과연 휴대전화 타이핑 속도가 개인의 디지털화를 가늠할 수 있을까? 결코 그렇지 않다. 어눌하지만 사용할 줄 알고, 또 그것이 업무나 생활에 효율을 가져다준다면 훌륭한 디지털 도구 사용자이다. '밥'은 물론이고 '찜'도 되고 '죽'도 만들 수 있는 전기밥솥을 가졌다고 해서 모든 기능을 다 이용할 줄 알아야 한다는 생각도 버리자. 밥솥으로 밥만 할 줄 알면 된다. 물론 밥솥과 한동안 생활을 하다 보면 자연히 죽 만드는 법에도 관심을 갖게 될 것이다. 아니어도 상관없고……. 필자 역시 휴대전화 타이핑은 답답하리만큼 더디지만 기억할 필요 없는 은행 계좌번호나 그때그때 생각난 아이디어를 짤막한 단어로 휴대전화에 기록한다. 나중에 집으로 돌아와서 정리하다 보면 정말이지 감칠맛 나는 메모 효과를 가져다준다.

08 당신의, 당신에 의한, 당신을 위한 메모

메모란 행위는 알면 알수록 참으로 매력적이다. 아날로그 메모이든 디지털 메모이든 스케줄 메모이든 아이디어 메모이든 일반적으로 메모는 '내가 나를 위해' 하는 행동이다. 그래서 메모는 자기계발을 위해 스스로를 추스르는 지적 행위이므로 어떤 형식에도 구애받지 않고 자유롭게 메모를 하라는 말도 일리는 있다. 내가 알아볼 수 있도록 최소한의 형식만이 필요하다는 것이다. 그런데 가만히 생각해 보면 절반은 맞고 절반은 틀린 말이다. 그 이유는 몇 가지로 생각해 볼 수 있다.

우선 첫 번째, 메모는 나를 위한 메모만 있는 것이 아니기 때문이다. 남을 위해 하는 매력적인 메모도 있다. 동료를 위한 부재중 전화메시지 메모 또는 간단한 격려나 응원 메모도 있을 수 있다. 디지털 메모 중에 남을 위한 메모에는 어떤 것이 있을까? 쉽게는 휴대전화 문자메시지 서비스를 이용한 정도가 아닐까 생각한다. 디지털 도구이지만 따뜻한 격려의 말이나 안부 인사와 같은 문자메시지는 분명 훈훈한 감동을 전달하기에 충분하다. 그러나 너무 여러 사람들에게 동일한 메시지를 보내면서 생색을 내면 역효과를 불러올 수 있다. 졸지에 스팸 발송자 취급을 받느니 오히려 보내지 않는 편이 백 배 낫다. 디지털 매체라 하더라도 진심은 통하게 마련이다.

두 번째로, 스스로도 배려받아야 마땅하기 때문이다. 내가 보기 위한 메모이기 때문에 어떤 형식도 필요없다는 말은 곱씹어 보아야 한다. 너무 형식에 사로잡혀 메모가 어려운 사람들에게는 힘이 되는 말이고 절대적으로 맞는 말이다. 그러나 메모가 낯설지 않게 지속력을 가지려면 메모하는 형식을 좀더 세련되게 해야 한다. 뿐만 아니라 지나친 은어나 속어도 경계해야 한다. 내가 나에게 주는 메시지라고 하더라도 까맣게 잊고 있다가 다시 발견하는 순간 또 다른 나로부터 메시지를 전달받는 것이다. 디지털 도구라도 진심은 숨결과 같이 전달될 수 있다.

남을 위한 메모

학교 앞은 이런저런 홍보물로 넘쳐난다. 각종 학원의 홍보물이라든지 자동차 면허시험 학원의 리플릿 등이 그것인데 교문을 들어설 때면 벌써 한 움큼의 전단지로 가득해진다. 주는 사람의 성의도 있고 해서 면전에서는 버리지 못하고 모퉁이 돌아 첫 번째 휴지통에 버리곤 했는데 그 휴지통은 이미 전단지로 가득 차 있었다. 최소한의 배려자들을 위한 휴지통인 것이다. 학교 건물에 다다르면 곧장 대학 부설 연구소로 향해 지도 교수에게 그날 할 일 등을 전달받고는 했다. 예를 들어 필요한 자료는 어떤 논문에 있다거나, 몇 시까지 출판사에 전화해서 데이터를 보내라는 등의 연구소 업무들이 빼곡히 기록된 메모를 받는 것이 보통이다. 그런데 그 메모에는 매우 감동적인 뭔가가 있었다. 교수님은 홍보 전단지를 4등분한 이면지에 매번 메모를 해주셨는데, 업무 메모 말미에 '이군 오늘도 어제와 같이 수고해 주게.'라고 써주시곤 했던 것이다. 노(老) 교수는 늘 충분한 메모지를 협찬받고 있었던 것이다. 그것도 교문 앞에서 말이다. 이제 대학을 퇴직한 서상우 교수(국민대학교 건축학과)는 아직도 훌륭한 '메모인'으로 활발히 활동중이다.

윤호섭 교수(국민대학교 시각디자인과)는 환경운동을 몸소 실천하시는 분으로 유명하다. 윤호섭 교수는 다 쓴 프린터 잉크를 당신에게 보낼 것을 제안한다. 환경도 보호하고 여분의 잉크로 인상적인 티셔츠를 가질 수 있는 일석이조의 기회를 몸소 실천하고 있기 때문이다. 메모와 관련한 인상적인 기억은 연구실 앞에서 발견된다. 흔히 교수연구실 앞에는 '외출중'이나 '강의중' 또는 '교내에 있습니다.' 등의 플라스틱 안내표지가 있게 마련인데 윤호섭 교수의 연구실 앞에는 의미 있는 안내표지가 하나 있다. 내용은 별반 다를 것이 없는데 차이점은 메모지에 있다. 바로 숟가락 위생지! 환경 디자이너로서 너무나도 재미있고 표현 또한 적절한 메시지였다. 혹시 윤호섭 교수의 녹색 환경운동에 관심이 있다면 인터넷 사이트를 방문해 보는 것도 좋겠다.

http://www.greencanvas.com

09 디지털 메모를 위한 숨 고르기

다음은 당신에게 디지털 메모가 습관으로 자리 잡도록 하는 데 도움이 될 만한 가벼운 숨 고르기용 준비운동을 열거해 보았다.

- 휴대전화 매뉴얼을 보고 보이스 레코더 기능을 숙지한다. 되도록이면 단축 키를 만든다.

- 다음주에 읽을 책을 신문에서 찾아 폰 카메라로 찍어 놓는다.
- 디지털 카메라(또는 폰 카메라)의 접사 기능을 숙지한다. 접사 기능은 카메라에서 아주 가까운 거리의 피사체를 찍을 수 있도록 하는 기능이다.

- 하루의 대부분을 보내는 작업 공간 옆에 메모를 한곳에 모을 수 있는 작은 바구니나 종이 상자를 비치해 놓는다.
- 주로 사용하는 PC에 메모를 보관할 새로운 폴더를 하나 만들어 놓는다. '내 문서'에 폴더를 만들면 좋지만 'C 드라이브'에 여유 용량이

많지 않으면 다른 드라이브에 만들어도 좋다. 너무 많은 분류 항목은 본래의 의도를 흐릴 수 있다. 파일 이름으로 구분하자.

메모가 10억을 벌 수 있도록 해준다든지, 당장이라도 눈에 보이는 결과를 낳을 거라고 조급증을 가지고 대하면 안 된다. 어느 유명인사의 메모가 몇 억 정도의 가치가 있더라 하는 것은 그 뒤에 가려진 엄청난 노력과 고통이 있었다는 것을 의미하기 때문이다. 우리는 이 점을 망각해서는 안 된다. 메모를 시작하는 단계에서는 메모의 가치를 따져서는 안 된다. 처음부터 뭔가 의미 있는 메모만을 의식한다면 아무것도 메모할 것이 없다. 그저 생활 속 자잘한 메모(섬유 유연제 살 것!)부터 짤막한 관찰일기까지(이 대리, 설렁탕을 싫어한다)……. 메모 습관을 꾸준히 몸으로 익히려고 노력한다면 적어도 '성장하는 나'를 발견할 수 있을 것이다. 이것으로 충분하지 않은가? 충분하지 않다고? 그럼 디지털 메모의 세계로 한 발 더 들어가 보자.

2부
즉각 반응하라!

어떠한 메모든지 즉각 반응하지 않으면 의미가 퇴색되어 버린다. 불시에 찾아오는 메모 상황에 어떤 도구로 반응할 것인지를 미리 예상하고 준비해야 할 것이다. 그렇지 않으면 즉각 반응할 수 없다.

01 파블로프의 개

파블로프의 개를 아는가? 뉘 집 개냐며 화부터 내지 마시라. 러시아의 생리학자 파블로프는 개를 통해 '조건반사'의 비밀을 밝혀냈다. 그는 개에게 음식을 줄 때마다 종소리를 들려주었다고 한다. 이 개는 그 후 종소리만 들어도 침을 질질 흘리며 식사가 올 것이라고 당연시하게 되었다는 실험이다. 메모도 이와 같은 즉각적인 반응을 보여야 한다.

그런데 메모를 위한 즉각적인 반응에서는 오히려 '종소리'와 그 뒤의 '행위'가 더 중요하다. 메모를 하기 위한 '종소리'도 스스로 울려야 하며, 그에 따른 '행위' 역시 미리 연습으로 준비된 신속한 '행위'여야 한다는 것이다. 메모를 해야 할 필요성을 느끼는 것과 동시에 머리 속에서는 '종소리'가 들려야 한다. '이건 기록해 두자.'라고 판단되었다면, '이게 어디에 소용이 될까?'를 생각하기 이전에 휴대전화든지 디지털 카메라든지 손에 잡히는 대로 꺼낼 수 있어야 한다. '뭐, 이런 것까지 메모해.' 하는 생각은 나중에 하면 된다. 하루에 얼마만큼의 종소리를 듣느냐가 어느 정도의 메모인이 되었는가의 첩경으로 삼아도 된다. 서부에서 오래 살아남으려면 생각보다 손이 빨라야 한다. 자! 그럼 이제 황야로 나가보자.

02 PC로 반응하라!

PC로 메모를 한다고 했을 때 무엇부터 준비해야 할지 상당히 곤혹스러울 수 있다. 막연하고 방대하기 때문이다. 딱 두 가지만 기억하자. 가장 단순한 기능이 메모 도구로는 적격이라는 점과 메모를 저장하는 공간을 단일화하자는 것만 기억하면 된다.

필자의 경우 대부분의 문자 메모는 〈메모장〉에 저장하고 이미지 메모는 마우스의 오른쪽을 클릭하여 저장하거나, 화면 캡쳐 방식으로 저장한다. 물론 어느 메모를 막론하고 한 폴더로 모아 나중에 분류한다. 물론 자주 사용하는 메모 소프트웨어는 '빠른 실행 메뉴'에 등록하여 버튼을 한 번 클릭하는 것으로 실행하도록 했고, 이미지를 저장하거나 화면 캡쳐를 위한 버튼(키보드의 'Print Screen' 버튼)도 한 번으로 끝나도록 하였다. 그리고 저장 공간을 되도록이면 OS가 있는 드라이브는 피하고 별도의 하드 디스크나 파티션이 나뉘어 있는 드라이브에 저장할 수 있도록 하였다. 이렇게 하면 OS가 있는 드라이브는 가급적 비워 PC의 성능을 높일 수 있고 나중에 OS를 재설치하더라도 데이터는 쉽게 살릴 수 있어 매우 유용하다.

신속하려면 단순해야 한다. 결투에 나선 총잡이가 권총지갑에서 총을 빼어들고 나서야 안전장치를 풀고 탄약을 확인한다면 그리 오래 살지 못할 것이다. 우리는 이미 앞에서 안전장치를 풀고 탄약을 확인하는 과정을 짚어 보았다. 이젠 방아쇠를 당기는 과정만 기다리고 있다.

1) 메모장

윈도우즈(Windows)를 사용하면서 〈메모장〉이나 〈그림판〉의 필요성에 대해 생각해 본 사람도 적지 않을 것이다. 많은 사람들이 한층 더 전문화된 워드프로세서나 페인팅 프로그램을 사용하는데, 기능도 훨씬 강력하다. 당연하다. 기능을 비교한다는 것 자체가 의미가 없다. 디지털 메모를 말할 때에는 '신속성'과 '단순성'을 반드시 고려해야 하므로 이 보조 프로그램들은 이 점에서 오히려 막강하다. 프로그램이 가볍기 때문에 로딩(Loading) 속도가 다른 프로그램들과 비교할 수 없을 정도로 빠르다. 때로는 프로그램 로딩중에도 여러 상념에 빠져 결국 왜 이 프로그램을 실행시켰는지 잊곤 한다는 사실에 당신은 공감하는가? 이 단순한 프로그램들은 실행 버튼을 누르는 순간 프로그램이 실행된다. 평소 쉽게 사용할 수 있도록 빠르게 실

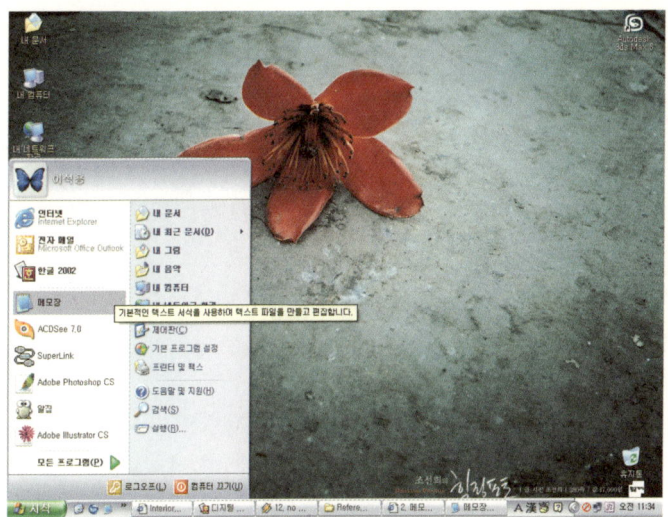

▪ 자주, 신속히 이용해야 하는 프로그램을 시작메뉴에 위치시킨다.

행할 수 있는 위치에 실행 아이콘을 놓자. 이들 보조 프로그램들의 또 다른 장점은 바로 단순성에 있기 때문에 최소한의 기능으로 이루어졌다. 메모를 하는 데는 문자만 입력되면 된다. 그 밖에 무엇이 더 필요하겠는가?

▪ 보조 프로그램을 신속하게 이용할 수 있도록 환경을 설정한다.
 (▶ 부록 13 시작메뉴에 프로그램 등록하기)

▪ 바탕화면 아이콘, 시작메뉴, 빠른 실행 아이콘, 단축키 등을 활용한다.

즉각 반응하라!

■ 보조 프로그램의 최대 장점인 단순성을 최대한 이용한다.

〈메모장〉의 최대 장점은 단순함이다. 기능이 없는 것이 오히려 더 쓸모가 있다. 이 무슨 역설적인 이야기인가? 간단한 상황을 예로 들어 설명하면 이해가 빠를 것이다. '한글2004(한글과 컴퓨터)'와 같은 워드프로세서를 사용하는 사람이라면 느꼈을 법한 상황인데, 인터넷 기사를 바로 긁어서 워드프로세서의 문서로 가져오면 여러 겹의 표로 둘러싸이는 경우를 본 적이 있을 것이다. 이는 실제로 웹 문서를 작성할 때 표(Table Tag)로 구획을 나누었기 때문인데 '한글'은 '한글2004' 버전 이후부터는

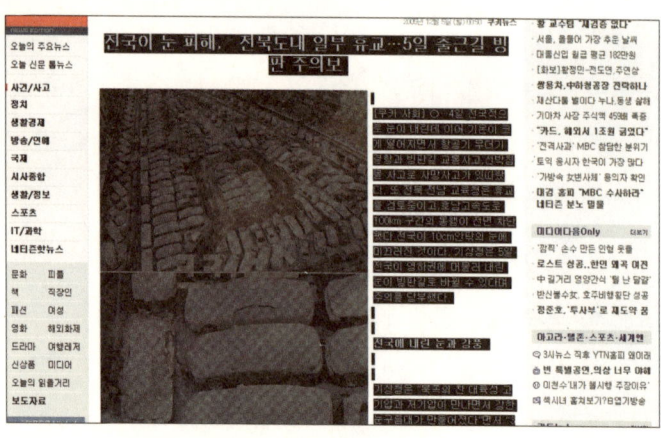

■ 웹브라우저에서 원하는 기사를 드래그로 선택, 복사

■ 〈워드프로세서〉의 경우에는 표와 같은 서식과 이미지가 함께 딸려 온다.

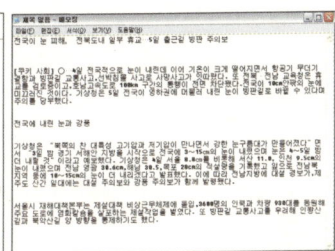
■ 〈메모장〉의 경우에는 텍스트만 복사된다.

텍스트와 HTML 스타일을 선별적으로 불러들일 수 있다. 그러나 결론적으로 말하면 〈메모장〉은 표를 불러 올 수 없다. '한글'과 같은 자상한 기능을 할 수 없는 것이다. 그래서 글만 복사되어 온다. 〈메모장〉이 필요 없는 양식을 걸러주는 필터 역할을 한 것이다. 이미지 역시 가져올 수 없다. HTML 스타일이나 이미지가 필요 없는 경우에는 오히려 단점이 장점이 되는 것이다. 〈메모장〉의 장단점을 간추려 보면 다음과 같다.

- 서식이 필요 없는 간단한 메모나 문서 작성에 사용된다.
- 64KB 이하의 텍스트(ASCII) 파일을 작성할 수 있고, 기본 저장 파일은 '*.txt'이다.
- 용지 크기와 용지 출력 방향, 여백, 머리글, 바닥글을 변경할 수 있다.

- 한글 윈도우즈95의 〈메모장〉은 기본 글꼴 이외에 글꼴 설정이 불가능했지만, 한글 윈도우즈98 이상에서는 글꼴, 글꼴 속성, 크기를 지정할 수 있다.
- OLE 개체 삽입, 그림이나 차트 등의 고급 기능은 사용할 수 없지만 인터넷에서 글자를 선택해 복사(Ctrl+C)하여 문서에 붙여넣기(Ctrl+V)를 할 때 일반 워드프로세서에는 필요 없는 서식(여러 겹의 표 등)이 따라 오는데 〈메모장〉에는 문자만 고스란히 복사되어 온다.
- 찾기 기능을 사용하여 문장 내에서 원하는 문자열을 찾을 수 있다. 〈메모장〉에서는 매우 요긴한 기능이다. 〈메모장〉에는 글만이 가득하다. 글 내에서는 어떠한 이정표도 없다. 이런저런 이유로 정보가 될 만한 메모를 하다 보면 쉽게 여러 장을 넘긴다. 이때에는 지정 단어로 쉽게 문자열을 찾을 수 있다.

2) 워드패드

〈워드패드〉는 서식 있는 문서를 작성할 수 있다. 서식이 있는 간단한 문서 작업은 워드프로세서 프로그램 없이도 충분히 해낼 수 있다. 〈워드패드〉의 장단점을 간추려 보

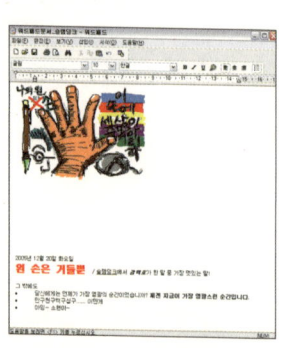

■ 〈워드패드〉에 들어온 OLE개체(그림)

면 다음과 같다.

- 글꼴, 글머리표, 단락 등을 포함한 서식 있는 문서를 작성할 수 있다.
- OLE 개체를 삽입할 수 있다. OLE 개체 삽입 기능을 통해 이미지나 기타 형식의 파일을 삽입할 수 있으며 링크 연결 설정으로 개체를 바로 편집할 수 있다.
- 다단 편집은 할 수 없고, 스펠링 체크나 동의어/반의어 사전이 없다.
- 매크로 기능과 단어 개수를 세어주는 기능이 없다.

3) 그림판

내가 그린 그림을 바로 이메일로 쏜다? 〈그림판〉은 흑백 또는 컬러 그림을 그릴 때 사용하는 그림 도구이다. 〈그림판〉에는 깜찍한 두 가지 기능이 포함되어 있는데, 그린 그림을 바로 전자 메일로 보내는 기능과 이미지(그린 그림을 포함해서)를 바탕 화면 배경으로 설정하는 기능이다. 단순하지만 상당히 매력적인 디지털 메모 기능이라고 할 수 있다.

- 〈그림판〉으로 그린 그림을 바로 전자 메일로 보내는 기능은 디지털 메모 도구 중에서 가장 인간적인(?) 냄새가 녹아들 수 있는 기능이 아닐

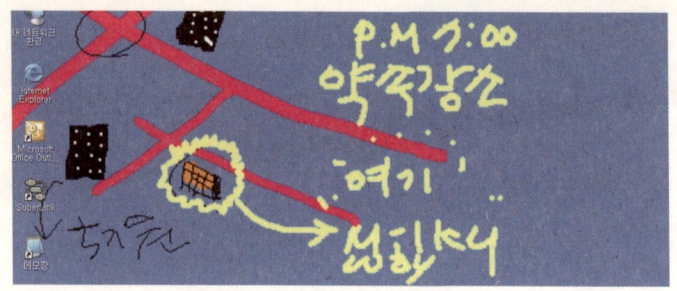

▪ 바탕화면에 깔린 약속 메모

까? 펜이 달린 타블렛(Tablet)이나 마우스로 엉기성기 그림을 그려 이메일에 담아 보내보자. PC로는 '똑바르지 않는 것'을 만들어내는 것이 더 힘들다. (▶ 부록 17 참고)

▪ 〈그림판〉으로 그린 그림을 바탕화면 배경으로 설정하는 기능 (▶ 부록 18 참고)

아주 중요한, 그래서 놓칠 수 없는 약속이 있다면 바탕화면에 대문짝 만하게 그림판 바탕화면을 만들자. 좀처럼 잊기 힘들 것이다. 형식이나 생김새에는 그리 신경 쓰지 말자. 원색적이고 자극적인 색상과 문구라면 더욱 좋겠다.

4) 디지털 포스트잇

디지털 메모 도구에서 특별히 강조되는 덕목이 바로 '신속성'과 '단순성'이라고 했다. 이런 점에서 포스트잇도 이에 잘 부합하는 메모 도구이다. 붙였다 떼었다 할 수 있는 포스트잇은 1970년대, 3M에서 일하던 스펜서 실버(Spencer Silver)라는 과학자가 발명하였다. 그는 너무 강하게 붙지 않는 새로운 접착제를 개발해서 그것을 어디에 이용할 것인가 궁리하고 있었다고 한다. 이와 비슷한 시기에 3M에서 같이 일하고 있던 아트 프라이(Art Fry)라는 사람은 악보 위에 쓰거나 악보를 접지 않고 찬송가에 표시할 방법을 찾고 있었는데, 실버의 접착제를 종이 조각에 묻혀서 페이지를 표시하는 용도로 사용하였다. 얼마 후, 프라이는 상사에게 올리는 보고서에서 질문이 있는 페이지에 이 페이지 표시 종이를 붙여서 제출했고 상사는 그 페이지 표시 종이에 답을 써서 프라이에게 보냈다. 페이지 표시 종이는 단순한 표시 기능 말고도 또 다른 종류의 의사소통 통로 역할을 한 것이다. 하지만 포스트잇 발명이 곧바로 대성공으로 이어지지는 않았다. 일부 사람들이 직접 접착이 가능한 메모

용지라는 아이디어 자체가 경박한 것이라고 생각했기 때문이다. 하지만 3M 사는 이 상품에 반대하는 사람들의 비서에게 견본품을 보냈고, 결국 포스트잇은 책상 위에 없어서는 안 되는 필수품으로 자리 잡게 되었다.

그러면 포스트잇에 기록된 메모의 특징은 무엇일까? 이토록 현대인의 책상에서 없어서는 안 될 그 매력 포인트는 어디에 있을까? 수시로 붙였다 떼었다 할 수 있는 접착제와 결합한 메모지는 어떤 매력을 가지고 있을까? 메모란 기능을 '기록하고', '확인하는' 두 단계로 나누어 봤을 때, 포스트잇은 그 '확인하는' 과정을 쉽게 해준다. 내가 늘 확인할 수 있는 곳, 어느 곳에나 포스트잇으로 메모를 할 수 있게 된 것이다. 그리고 PC를 업무의 주요 도구로 사용하고 있는 사무실에서 모니터에 포스트잇이 한두 장 붙어 있는 것을 보기란 그리 어렵지 않다. 거의 같은 기능으로 모니터 여백에 있던 포스트잇이 바탕화면으로 들어온 것이 〈디지털 포스트잇〉이다. 그 중 한글과 컴퓨터의 '한글'을 사용하는 사람이라면 가장 추천할 만한 〈디지털 포스트잇〉이 바로 '한컴쪽지'이다. 프리웨어(Freeware)로 〈한소프트〉에 가입(무료)만 하면 다운로드 받을 수 있다.

■ 〈한컴쪽지〉가 펼쳐진 모습

■ 〈한컴쪽지〉가 닫힌 모습

한컴쪽지는 포스트잇이 가진 신속성(클릭 한 번으로 화면에 표시)과 단순성(메모를 기록하는 기능과 약간의 추가 기능)을 모두 승계한 〈디지털 포스트잇〉이다.

게다가 한컴쪽지는 쪽지를 작성하고 삭제하는 기본적인 기능 말고도 매력적인 기능이 두 가지나 더 있다. 하나는 '알람' 기능이고, 또 다른 기능은 '네트워크 전송' 기능이다.

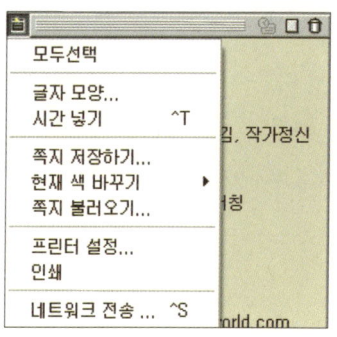
■ 〈한컴쪽지〉의 심플한 기능

1) 알람 설정하기

알람 예정 시각을 입력하면 그 시간에 쪽지알람이 울린다. 무척 재미있을 뿐만 아니라 쓸 만한 기능이다.

2) 네트워크 전송 기능

네트워크에 연결된 사람에게 간단하게 쪽지를 보낼 수 있다. 따라서 같은 사무실 안에서는 메신저 프로그램의 역할도 할 수 있다. 어떤 쓸모가 있는지 한번 찾아보라. (▶부록 21 참조)

필자는 대학원 시절 한컴쪽지를 매우 요긴하게 사용했다. 주로 그날 필요한 작업 내용과 배달이 가능한 주변 음식점 전화번호가 빼곡히 메모되어 있었는데, 가끔 졸업 선배들이 찾아오면 어김없이 사용하였다.

다음은 한컴쪽지 이외에 사용할 만한 대중적인 〈디지털 포스트잇〉 프로그램들이다. 무료 포스트잇은 광고가 표시될 수 있다는 것을 명심하자.

- 3M Post-it : http://www.3m.com/intl/kr
- 엣노트 : http://atnotes.free.fr
- 어깨동무 : http://www.webdongmoo.com
- 노트홀더 : http://www.aklabs.com
- 이지노트 : http://www.rawos.com

Tip 1 ● 알람 기능에 밀린 휴대전화의 최첨단 부가 기능

　2005년 4월에 디시인사이드(www.dcinside.com)에서 조사한 바에 따르면, 휴대전화의 기능이 향상되고 있음에도 불구하고 실제 소비자들이 가장 많이 사용하는 부가 기능은 '알람 설정'으로 나타났다. 가장 단순한 것이 가장 강력한 것이라는 말이 다시 한 번 실감 나는 대목이다. 이미 휴대전화로 텔레비전을 볼 수 있는 것은 물론이고 게임과 은행 업무도 볼 수 있다. 그런데도 이런 편의 기능 중 '알람' 기능이 가장 사랑받는 이유는 무엇일까? 그건 아마도 생활패턴에서 비롯되었을 것이다. 전자레인지를 이용해서 모든 음식을 만들어 먹을 수는 없다. 그렇다고 간단히 우유를 데우는 정도가 전자레인지의 모든 기능도 아니다. 어쨌거나 우리의 생활패턴은 상당히 단조롭다. 그래서 가장 막강한 기능만을 사용하고 다른 것들은 쉽게 잊고 넘어간다. 이런 상황을 우리는 디지털 메모에 적용할 수 있다. 아니 디지털 메모는 물론이고 모든 메모 기술의 첫 번째 항목이 바로 최대한 단순해져라이다.

　이 책에서 말하는 여러 가지의 디지털 메모 기술을 모두 다 사용하라는 이야기가 절대 아니다. 그 중 하나, 개인적인 성향과 코드가 맞는 한두 가지만 잘 길들여서 내 것으로 만들라는 것이다.

Tip 2 ● 최소한의 기능으로 성공한 디자인

포스트잇처럼 좋은 디자인이란 '더하는' 것이 아니라 '덜어내는' 데 있다. 이 사실을 증명해 주는 사례 하나를 살펴보자. 2001년 영국의 한 대학생은 영국인들의 생활패턴에 절묘하게 들어맞는 토스터기를 디자인하였다. 영국은 쾌청한 날씨보다는 흐리고 비 오는 날이 많은 나라이다. 직장인들은 당연히 비가 오는지 안 오는지가 가장 큰 관심사일 수밖에 없다. 우산이 필요하기 때문이다. 그래서 영국의 직장인들은 으레 아침에 일어나면 졸린 눈을 비비며 현관 문 앞에 있는 우유와 신문을 가지고 들어온다. 토스트를 굽는 동안 조간신문을 통해 그날의 날씨를 체크하고 어젯밤 일어났던 크고 작은 사건들을 훑어본다. 그 대학생은 여기에서 영국인을 위한 토스터기를 착안한다. 토스터에 값싼 모뎀(인터넷 연결)을 장착하여 단지 두 가지 정보, 즉 비가 오는지 안 오는지를 확인할 수 있도록 한 것이다. 어떻게? 빵에 우산이 나오거나 해가 방긋 웃도록 한 것이다. 만약 너무 쓸데없는 정보를 담았다면? 온도나 습도 혹은 주식시세 등을 담았다면?

토스터의 매력은 크게 떨어졌을 것이다. 우리가 선택할 디지털 메모 도구 역시 이러한 맥락에서 선택한다면 분명히 유용한 뭔가를 제공해 줄 것이다. 메모하는 도구와 내용, 패턴은 모두 단순해져야 한다. 기억하라! 결국 단순한 것만이 살아남아 승리한다.

03 인터넷에서 유용한 정보를 메모하는 방법

디지털 시대를 흔히 정보의 홍수시대라고도 부른다. 불과 20년 만에 엄청난 정보가 디지털로 바뀌었다. 이는 많은 사람들의 노력 덕분이기도 하지만 정보가 또 다른 정보를 만들어내는 디지털의 속성 때문이기도 하다. '정보의 범람'으로 우리들은 생각지도 않던 고민에 빠지곤 한다. 어떤 정보를 어떻게 취할지에 대해 고민하게 된 것이다. 어떤 정보를 취하는 것은 개개인의 주관에 관한 문제이므로 결국 '어떻게'라는 기술에 관한 문제가 남는다.

웹 서핑중 유용한 데이터를 어떻게 얻는가를 알아보기 전에 한 가지 짚고 넘어가야 할 점이 있다. 바로 저작권, 즉 타인의 소중한 지적 권리를 지켜주는 것에 관한 문제가 그것이다. 열람만 허용되는 것도 있고, 정보를 재사용하지만 않으면 괜찮은 경우도 있다. 또는 저작권자를 밝힘으로써 정보를 재사용해도 괜찮은 경우까지 있다. 중요한 것은 정보를 접하고 이를 메모하는 과정에서 반드시 저작권자의 의도를 확인해야 한다는 데 있다. 이런 상황을 전제로 웹 서핑중 유용한 정보를 메모하는 기술에 대해 알아보자.

첫째, 웹 서핑중 유용한 페이지를 전체적으로 기억하는 방법으로는 즐겨찾기(Favorite, Bookmark)가 있다. 이는 두말할 것 없이 좋은 디지털 메모 방법이다.

둘째, 매체별로 알아보자. 웹 페이지에서 유용한 글이 있는 경우이다. 커서로 유용한 글을 복사해(Ctrl+C) 붙이는(Ctrl+V) 것이다. 〈메모장〉과 같이 단순한 기능의 소프트웨어를 이용하면 된다. 이때 커서로 문구가 활성화되지 않는 경우, 즉 검게 역상되는 경우는 문서가 이미지인 경우이거나 저작권자가 스크랩되는 것을 원치 않는 경우 정도이다.

셋째, 이미지를 메모하는 경우이다. 이미지 위로 커서를 가져가면 이미지를 저장할 수 있는 아이콘이 표시된다. 또는 마우스 오른쪽을 클릭해 단축 메뉴를 불러 이미지를 저장할 수 있다. 그러나 이 역시 플래시 파일(*.swf)이거나 저작권자가 이미지의 스크랩을 원치 않는

단축메뉴에서 저장

경우에는 이미지를 저장할 수 없다.

넷째, 웹 페이지 전체를 화면 캡쳐하는 방법이다. 화면 캡쳐는 키보드에 있는 'Print Screen 키'를 이용하는 방법과 별도의 캡쳐 프로그램을 사용하는 방법이 있다. 화면을 캡쳐하는 것은 즐겨찾기로 웹 페이지의 주소를 기억하는 것과는 크게 다르다. 캡쳐 이미지는 말 그대로 '보이는 대로' 이미지 파일로 저장되는 것이다. 웹 페이지의 색상 배합이나 레이아웃을 참고할 때 유용하다.(● 부록 25 참조)

다섯째, 웹 페이지의 소스(Html)를 열어 코드를 확인하는 방법이다. 이는 숙련된 디지털 메모 기술이다. 'HTML' 언어에

■ 마우스 오른쪽을 클릭하면 펼쳐지는 단축메 ■ 〈메모장〉으로 보여지는 소스 정보
뉴에서 소스보기 선택

관한 약간의 지식만 있다면 눈에 보이지 않는 새로운 정보를 얻을 수 있다. 방법은 웹 페이지의 빈 여백에서 마우스의 오른쪽을 클릭해 단축 메뉴를 불러낸 뒤 '소스 보기(V)' 명령을 클릭하면 〈메모장〉에 해당 웹 페이지의 소스가 표시된다.

이 밖에도 웹 페이지에는 여러 가지 매체로 표현할 수 있는 메모 기술이 존재한다. 그러나 이 정도의 메모 기술만으로도 충분히 유용한 정보를 메모할 수 있다. 다시 한 번 강조하지만 중요한 것은 메모된 정보를 어떻게 활용하느냐에 있다.

Tip 3 ● 추천 소프트웨어 야후! 위젯

앞에서 설명한 인터넷 메모 기술은 일반적인 환경에서의 기술을 제안한 것이다. 메모했던 PC 환경을 벗어나서 사용하려면 네트워크상에 별도로 저장해야 가능하다. 예를 들어 문서를 메모했다든지, 즐겨찾기로 유용한 사이트를 저장했더라도 다른 PC에서 사용하려면 저장된 내용을 이메일로 저장하거나 네트워크상의 별도의 공간에 올려야 하기 때문이다. 이러한 단점을 보완하는 소프트웨어 중 하나가 바로 야후!(Yahoo!)에서 제공하는 위젯(Widget)이다. 어떤 PC 환경에서도 설치하고 로그인하면 저장되었던 메모나 유용한 기능을 사용할 수 있다. 게다가 모든 위젯이 바탕화면

에서 운용되기 때문에 탁월한 '디지털 메모 도구'라고 할 수 있다.

위젯의 사용법은 의외로 간단하다. 야후! 사이트에서 위젯 엔진을 설치하고, 필요한 위젯을 다운받아 사용하기만 하면 된다. 필자가 사용하고 있는 위젯은 'Day Plannar'와 'Yahoo! Notepad' 정도이다. 이 밖에도 날씨를 알 수 있는 위젯부터 증권 시세를 알 수 있는 위젯까지 매우 다양한 위젯을 사용할 수 있으므로 골라서 사용하는 재미까지 있다. 하지만 이 소프트웨어를 통

즉각 반응하라!

해 중요한 사실을 하나 기억해야 한다. 언제, 어디서나 사용할 수 있는 환경에 길들여져야 한다는 것이다. 디지털 도구를 이용하여 시간과 공간을 초월하여 항상 사용자 품을 떠나지 않도록 하는 기술이 '디지털 메모 기술'의 핵심이라는 것을 말이다.

Tip 4 ● 화면 캡쳐

모니터에 뿌려지는 정보를 그대로 이미지 파일로 저장할 수 있다. 화면 캡쳐는 키보드에 있는 'Print Screen 키'를 이용하는 방법과 별도의 캡쳐 프로그램을 사용하는 방법이 있다. 화면 캡쳐 프로그램은 다양한 매체(이미지 또는 동영상이나 소리 등)를 캡쳐받을 수 있고, 원하는 부분만 별도로 캡쳐받을 수도 있다. 그러나 대부분이 유료 프로그램이기 때문에 간단히 메모에 이용하기에는 적지 않게 부담스럽다. 이 방법 이외에 'Print Screen' 기능을 이용하

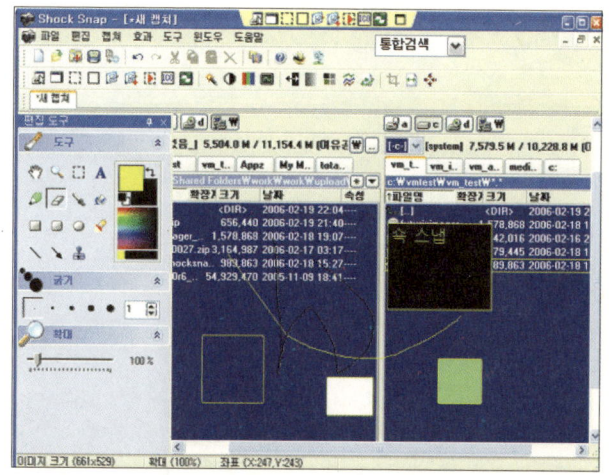

▪ Shock snap

즉각 반응하라!

는 것만으로도 충분하다.

홈페이지는 시간이 지나면 바뀌게 마련이다. 계속해서 새로운 정보를 올려야 생명력을 유지할 수 있기 때문이다. 그러나 화면 캡쳐를 통해 그 시간을 멈출 수 있다. 시간을 정지시키고 싶은 웹페이지가 있는가? 예를 들면 내가 올린 글이 포털 화면 메인에 떴다거나, 인터넷 뉴스에 지나가는 행인이라고 내 뒷모습이 선명히 박혀 있는 기사가 떴거나 굉장히 힘들게 여러 단계에 걸쳐 어떤 프로그램을 실행시켜 원하는 화면을 보았을 경우에는 정지시키고 싶을 것이다. 또 멀리 떨어져 있는 가족에게 PC 사용법을 알릴 때도 화면 캡쳐는 매우 유용하다. 찾아보면 그 쓰임새는 더욱 많아질 것이다. 〈그림판〉과 함께 사용하면 매우 유용하다. (▶부록 25 참조)

인터넷 사이트 마이폴더넷(http://www.myfolder.net)에는 몇 가지 쓸 만한 무료 화면 캡쳐 프로그램들이 있다. 개인용으로만 사용한다면 저작권에도 큰 문제가 없는 정식버전이다.

Shock Snap, Screenshot Capture, Open Capture, Smart Capture 소프트웨어가 그것이다.

04 휴대전화로 반응하라!

1) 잠들어 있는 메모 기능을 깨워라

메모를 위한 휴대전화 기능 역시 크게 두 가지 정도만 알아두자. 메모장 기능과 음성 녹음 기능이 그것이다. 휴대전화의 메모장 기능과 음성 녹음 기능은 어떤 휴대전화라도 버튼을 두세 번 정도 누르면 이용할 수 있다. 그것도 손짓작으로 조작할 수 있다. 주머니 속에서 손짓작 버튼 두세 번으로 음성을 메모할 수 있다면 아주 유용한 기능이 아닐 수 없다. 특히 음성 메모가 몇 분 정도 가능한지도 미리 알아두면 더욱 쓸모는 많아진다.

웬만한 휴대전화는 메모 기능을 가지고 있다. 키를 한두 번 눌러서 메모 기능을 사용할 수 있다. 지금 당장 가지고 있는 휴대전화의 메모 기능을 확인해서 언제든지 활용할 수 있도록 단축 메뉴로 조정해 두자. 그리고 다음과 같은 사항을 정리해 보자.

1. 은행계좌, 신용카드 번호(비밀번호를 걸어두자)
2. 나에게 용기를 주는 글
3. 생활의 좌우명

5. 조만간 해야 할 일(예: 버스 뒷창문에 매달려 여행하기)
6. 조만간 읽을 책들
7. 내가 앞으로 만나야 할, 만나고 싶은 친구들

이제 무얼 메모해야 할지 조금씩 눈에 들어올 것이다. 여기에 토실토실 살이 더해지면서 자신만의 메모가 살찔 것이다.

2) 상황이 여의치 않을 때 유용한 음성메모

운전중이나 운동중에는 어떤 생각도 하지 말고 하던 일에 집중해야 한다. 그런데 혹시 이런 활동중에 상점의 간판을 보고 재미있는 아이디어가 떠올랐거나 매번 잘못된 길로 들어서는 갈림길을 지날 경우 뭔가 메모하고 싶을 것이다.

모든 기종이 그런 건 아니지만 대부분의 휴대전화는 두세 번 키를 눌러 음성메모를 할 수 있다. 그것도 굳이 휴대전화를 들여다보지 않는 손짓작으로도 말이다. 되도록이면 메모할 당시의 감정도 듬뿍 실어서 메모해라.

휴대전화 음성메모 기능은 메모하는 도구로서는 매우 매력적이다. 글보다 표현이 더 자유로운 것은 물론이고 메모할 당시의 감정도 실리기 때문에 전달력은 배가 된다. 또한 수첩에 메모하는 것이 남의 눈을 의식하여 어색한 경우에도 이 기능을 사용하면 된다. 전화하는 척하면서 메모도 할 수 있기 때문이다.

휴대전화 음성메모로 저장된 메모는 PC에 고스란히 저장할 수 있다. 우리 주머니 속에는 이미 보이스 레코더를 하나씩 가지고 다니고 있는 것이며, 우리는 이 사실을 너무 쉽게 지나치고 있다.

영화 속에 이런 보이스 레코더의 효용성이 재미있게 녹아있는 예도 있다. 장 피에르 주네 감독이 2001년에 만든 영화 〈아멜리에〉에는 주된 배경이 되는 '카페 두 물랭'이라는 카페가 나온다. 매일 오는 손님(도미니크 삐뇽)은 매일 같은 자리에서 카페 여자 종업원들의 행동을 살피며 손 안의 보이스 레코더에 그녀들의 일거수일투족을 기록한다. 스토커임에 틀림없으나 영화에서 벗어나 다른 시선으로 본다면 배울 점도 없지 않다. 영화에서처럼 음성 메모에 적합한 것들은 주로 관찰기나 인터뷰다. 특히, 사업상 중요한 미팅에서 음성 녹취는 그 자체로 완벽한 근거자료가 되므로 뜻밖의 위력을 발휘하는 경우가 많다.

바로 상대의 노골적인 거짓말을 원천봉쇄할 수 있다. 실제로 '실례지만 녹음해도 되겠습니까?'라고 하면 앞에 했던 말을

번복하는 경우도 많다.

음성 메모의 또다른 활용이다.

05 디지털 카메라로 반응하라!

요즘 학생들은 칠판에 써 있는 내용을 필기하는 대신 디지털 카메라나 폰 카메라로 찍어서 기록하기도 한다. 사실 그건 공부를 그저 뒤로 미루는 어리석은 행동이 아닐 수 없다. 필기하면서 손으로 쓰고, 눈으로 읽어가면서 공부를 하자는 것이지 후대를 위해 사료를 남기자는 것이 아니기 때문이다.

디지털 카메라로는 '어떻게 기록하느냐' 보다는 '무엇을 기록하느냐'가 더 중요하다. 그리고 메모를 가장한 범죄 행위를 해서는 안 된다. 다음은 그런 예에 속하는 행동들이다.

- 서점이나 도서관에서 책의 내용을 디지털 카메라로 찍어오는 행위.
- 전혀 모르는 타인에게 양해도 구하지 않고 카메라를 들이대 찍는 행위. 이때에도 '즉각 반응하라'고 중얼거린다면 낭패를 볼 수 있다.
- 사진 촬영이 금지된 공공장소, 즉 미술관, 박물관, 탈의실, 화장실 등에서 촬영하는 행위 등.

이 밖에도 남에게 해가 되거나 실례가 되는 행위와 디지털 메모를 혼동해서는 안 된다.

그렇다면 어떤 경우에 디지털 카메라를 이용한 디지털 메모를 할 수 있는지 살펴보자. 각자 상황에 맞게 참고하길 바란다.

1) 취업 준비생을 위한 디지털 메모

취업 시즌이 되면 게시판과 관련 부처 사무실 앞은 그야말로 취업 준비생들로 북새통을 이룬다. 물론 요즘은 인터넷 구인·구직란을 통해 취업자리를 알아보는 것이 보편화되어 가고 있다. 그러나 학교나 공공기간으로 보내오는 구인 공문은 선택적으로 보내지는 것이라서 경쟁률도 조금 낮고 조건도 좋은 경우가 많다.

이런 구인 공문을 복사하기 위해서 줄을 서서 기다릴 필요가 있을까? 디지털 카메라로 무작정 메모하고 나중에 옥석을 가리자.

취업 준비생들에게 추천할 만한 '디지털 메모'가 또 있다. 취업 준비생에게는 매일 매일을 정리하고, 다음 날을 준비하는 것이 필요하다. 몇몇 리쿠르트 사이트에서 신입사원 채용 게시물을 찾아보고 때로는 디지털 신문에서 필요한 기사를 클리핑(Clipping)하여 체크한다. 뉴스 클리핑은 선정한 주제어와 관련된 기사만을 모아 신청인에게 보내주는 서비스를 말한다. 언제 있을지 모를 면접을 위해 예상 답변을 준비해 두고 연습한다. 그날 기록했던 디지털 메모를 모두 한곳으로 정리하는 것도 중요하다. 다음 정도의 체크리스트면 어떨까?

- 이메일로 원서 접수 여부를 확인한다.
- 리쿠르트 사이트에서 신입사원 채용광고를 검색한다.
- 유력 디지털 신문에서 보내온 클리핑 기사를 확인한다.
- 그날의 디지털 메모를 키워드에 따라 한곳으로 모으면서 정리 저장한다.
- 휴대전화에 내장된 보이스 레코더로 가상의 면접을 실시한다. 내 목소

리를 객관적으로 들어보는 기회를 준다.
- 잡지에서 면접일에 입을 최상의 복장을 디지털 메모한다. 물론 있는 옷으로 적절히 선택할 수 있으면 더 바랄 것이 없다.
- 희망하는 기업의 사무실 전경을 디지털 메모한다. 그 공간 속에서의 자신을 상상하면 그 회사에서 '어떠한 사람을 필요로 하는지'에 대한 답을 얻어낼 수도 있다.

2) 초행길 이정표 남기기

물어물어 찾아간 장소 앞 버스 정류장에서 노선도를 한 컷! 또 다시 찾아가야 할 곳이라면 이젠 물어볼 필요 없다.

3) 옷가게 마네킹에서 멋진 코디 배우기

옷가게에 멋지게 코디되어 있는 마네킹을 한 컷! 나중에 옷을 구매할 기회에 자신이 원하는 스타일을 확인할 수 있다. 내가 가진 비슷한 옷으로 흉내 낼 수 있지 않을까?

4) 신세대 엄마들의 디지털 레시피

결혼한 지 얼마 안 된 딸이 걱정되는 것은 모든 어머니들의 한결같은 마음이다. 무엇이든지 도움이 되기를 바라는 마음 또한 간절하다. 가끔 신혼살림의 노하우라고 생각되는 것이 있으면 바로바로 메모하고 보내보면 어떨까? 간단한 요리법을 촬영하고 이를 전수하는 것은 어떨까?

간단한 요리라도 무엇보다 중요한 것은 재료의 선택일 텐데 다년간의 경험이 농축된 재료 선택 방법을 메모한다. 여기에서 말하는 메모는 모아 두었다가 한꺼번에 주는 식의 '노트형' 메모가 아니라 생각나면 그때그때 기록하고 발송하면 그만인

'디지털 메모'이다. 모이는 곳은 새댁의 휴대전화이다. 그만큼 즉흥적이고 쉽다는 말이다. 시장 보는 김에 딸을 위해 재료 선택의 노하우를 메모해 주는 것이니까.

음성 녹음을 할 수 있다면(휴대전화에 따라 다르지만 60초 정도는 음성 메시지도 첨부해 보낼 수 있다) 금상첨화겠지만 그렇지 못하다면 문자메시지도 함께 활용하자. 해당 휴대전화의 인터넷 사이트에서 매뉴얼을 참고하면 도움이 될 것이다.

조리법은 되도록이면 동영상으로 기록하고 역시 그럴 수 없는 상황이라면 스냅 샷도 그리 나쁘지는 않다. 핵심을 찌르는 스냅 샷을 궁리하자. 물이 '자작자작'하게 또는 설탕을 '적당히'와 같이 애매한 계량에 대한 메모 차원이 되지 않을까.

모두 촬영되었다면 역시 휴대전화상에서 바로 데이터를 전송하자. 딸도 휴대전화로 간편하게 요리법을 확인할 수 있다.

5) 시장 보기

시장을 보기 위해 메모지에 빼곡히 적는 경우에도 정작 필요한 내용물을 빠뜨릴 수 있다. 냉장고에 어떤 물건이 있는지 모르고 기록한 것이므로 그럴 수도 있다. 보다 정확한 방법은 우리 집 냉장고 내부 사정을 찍어가는 것이다. 그러고 나서 시장의 상황과 비교하며 장을 보자.

좀더 숙련된 살림꾼이라면 아마도 보다 자세한 음식물들의 데이터가 필요할지도 모른다. 예를 들어 땅콩 잼의 제조일이라든지, 고추장의 성분분석표 등 구입 시점과 내용을 판단하는 데 필요한 정보를 담아오는 것도 중요하다.

또 시장 보기는 나의 의지대로 쇼핑을 하는 것이 아니라 심부름을 시킨 누군가의 부탁을 받고 하는 것일 수도 있다. 그러

니 보다 정확한 정보가 생명이다. 이때에는 '폰카'가 더욱 적격이다. 시장에서 임의의 선택을 하게 되었을 경우 '폰카'로 찍어 보낸 후, 바로 부탁한 사람에게서 확실한 대답을 듣고 쇼핑을 하는 것이 두 번 걸음하지 않는 첩경이다. 같은 임무로 두 번씩이나 시장을 본다는 것은 몸도 마음도 피곤한 일이다.

6) 늦은 밤에 택시 번호 메모하기

최근 '폰카메라'는 부가기능이라고 하기에 무색할 정도로 기능이 탁월하다. 이미 500만 화소는 물론이고 접사촬영이나 실내 촬영용 플래시도 갖추고 있다. 그러나 그보다 카메라와 데이터를 전송할 수 있는 전화기가 함께 있다는 점에 막강한 디지털 메모 도구로서의 효용이 있다. 이 점은 실시간 화상 전화의 시대가 임박해 왔을 정도니 더 말할 필요도 없다. 카메라폰의 최대 장점 중 하나가 휴대하기에 편리하다는 것이다. 어차피 가지고 다닐 휴대전화에 달려 있는 부가기능으로 카메라가 있는 터라 디지털카메라를 따로 챙겨야 하는 거추장스러움이 없다.

아주 아끼는 이성친구가 있다면 늦은 시간에 택시를 태워 집까지 보내야 하는 경우가 종종 있을 것이다. 세상이 흉흉하

다 보니 불안한 마음을
숨길 수 없다. 이때 출발
하려는 택시 뒤에서 크게
한 방 플래시를 터뜨리자.
기왕이면 동작이 커야 한다.
과장된 동작으로 택시 기사도
알아채고, 이성친구도 알아채면

완벽하다. 그리곤 바로 기름진 멘트와 함께 이미지를 전송한다. 여기서 끝나면 재미없다. 집으로 돌아와서는 한 폴더에 저장해 나중에 100일 기념 앨범을 만들어주면 어떨까? 386세대들도 물론 이런 메모를 했을 것이다. 사실 이 메모는 혹시 모를 사고를 미연에 방지한다는 점에서 의미가 있다.

7) 난폭한 대중교통에 경고의 메시지 보내기

우리나라를 찾는 외국인들이 가장 불편해하는 한국문화 중 하나가 바로 불친절하고 난폭한 대중교통이다. 굳이 외국사람들의 시선을 빌리지 않아도 누구나 한번쯤은 느껴보았을 것이다. 불친절한 서비스는 접어두더라도 난폭한 운전은 우리들의 안전과도 직결되는 문제이기 때문에 착잡한 마음이 들기도 한다. 왜 이렇게까지 되었을까? 그 근본 원인은 대중교통의 시스템 문제보다 시민 의식의 문제에 있는 것 같다. 난폭하고 불친절한 운전을 해도 시민들이 무감각하게 보아넘기니까 불쾌가 불쾌를 낳아 도로가 온통 무법천지가 되어가고 있다. 이제 시민을 짐짝 취급하는 '대중교통'에 따끔한 경고의 메시지를 보내자. '폰카'나 '디카'를 꺼내들고 디지털 메모로 기록해, 육하원칙에 근거해 차분한 경고를 보내자. 언젠가 버스 기사께서 핸들 위에 신문을 펼쳐 놓고 운전하는 것을 본 적이 있다. 아찔한 곡예 운전에 내릴 때까지 불안했다. 지하철에서 강아지똥을 방치했다가 인터넷에 오른 사진 한 장 때문에 네티즌들의 비난을 받았던 개똥녀 사건처럼, 디지털 메모는 사회를 바꾸는 엄청난 힘을 지니고 있다. 살기 좋은 사회를 만들기 위해 디지털 메모를 적극 활용해 보자.

8) 친구들과 소장한 책 공유하기

내가 가진 서가를 한 컷! 친구들과 공유하면 자그마한 도서관이 될 것이다. 서가에 좌표를 표기하자. 세로는 알파벳, 가로는 아라비아 숫자로 하면 쉽게 위치를 알 수 있다.

이 밖에도 다음과 같은 경우에 디지털 메모를 하자.

- 우연히 들어간 식당에서 생각지도 않은 메뉴를 만났을 때도 한 컷! 식당의 위치와 다른 식단도 함께 디지털 메모한다면 더욱 요긴하게 사용할 수 있다.

■ 신문에서 괜찮은 기사를 스크랩할 때 한 컷 물론 인터넷 신문을 찾아보고 디지털 스크랩할 수도 있으나 우선 간단하게 화두를 연상할 수 있을 정도의 이미지만 찍어두자.

디지털 메모의 활용 가치는 매우 높다.

Tip 5 ● 선명한 촬영을 위해 알아두면 좋은 기능들

    디지털 카메라로 메모를 할 때 그렇게 화려한 테크닉은 필요 없다. 그러나 보다 정확하게 정보를 전달하고 기록하려면 최소한의 기능 정도는 알아야 한다. 일반적으로 자동에 설정해 놓고 사진을 찍는 사람들도 이런 기능 정도는 알아두자. 아주 적은 노력으로도 최고의 효율을 낼 수도 있기 때문이다. 플래시 기능과 접사 기능 화이트 밸런스 기능은 꼭 알아두면 좋은 기능들이다. 대부분의 디지털 카메라는 이런 기능을 갖추고 있다. 이런 기능을 활용해 촬영하면 결과가 사뭇 다르다는 것을 느낄 수 있을 것이다. 다음 사진들은 DSC-717(Sony)로 촬영한 이미지이다.

1) 플래시 기능

카메라에 플래시 기능이 있다는 것을 모르는 사람도 있을까? 플래시는 어두울 때 사용한다. 너무도 당연한 말이다. 그렇다면 당신은 또 그 이상 무엇을 알고 있는가? 다음 세 가지 경우에 대해서 알아보자.

플래시를 자동으로 설정해 놓은 상황

그다지 권장하고 싶지 않다. 물론 그냥 어두울 때 자동으로 실내용 내장 플래시가 터져서 어두운 것만 피한다면 나쁘지 않다. 그런데 오히려 플래시 때문에 기록하려던 문자나 대상이 하얗게 타버리는 경우가 종종 생긴다. 일단 한번 경험해 보면 알 것이다. 도저히 자동 플래시 기능으로는 어두울 때 디지털 메모를 할 수 없다는 판단이 서면 안하면 된다. 제품마다 차이는 있겠지만 실내용 내장 플래시는 4~5m 안에 있는 피사체에만 겨우 영향을 미친다. 더 가까우면 하얗게 타고 더 멀면 그다지 영향을 끼치지 않는다.

플래시를 항상 On으로 설정해 놓은 상황

이 방법도 그다지 권장하고 싶지 않다. 광량이 적절하게 조절되는 것이 아니라면, 관련 지식이 풍부하지 않다면 자동으로 설정해 놓는 것보다 못하다.

플래시를 항상 Off로 설정해 놓은 상황

디지털 메모를 위해서 가장 권장할 만한 방법이다. 빛이 거의 없는 경우를 제외하고는 피사체를 망가뜨리는 일은 거의 없다. 꼭 필요하면 그래픽 프로그램을 이용해서 보정하면 된다. 하얗게 탄 것보다 어두운 것이 더 낫다.

적목현상 제거 옵션

 플래시 옵션 가운데 적목(赤目, Redeye)현상을 제거하는 옵션이 있다면 함께 사용할 수 있다. 적목현상은 어두운 곳에서 플래시를 이용해 인물사진을 찍을 때 찍힌 사람의 동공 부분이 붉게 나타나는 현상을 말한다. 따라서 사람 얼굴도 메모할 경우에 이 옵션을 사용하면 좋다.

2) 접사 기능

접사 기능은 아주 가까운 곳에 있는 피사체를 찍을 때 필요한 기능이다. 디지털 카메라를 이용한 디지털 메모에서 가장 절실히 필요한 기능이다. 일반 렌즈로는 30cm보다 가까운 피사체는 초점이 잘  맞지 않는다. 이럴 때 접사 기능을 사용한다. 방법은 매우 간단하다. 버튼 하나를 눌러서 당신의 뷰파인더나 LCD 창에 꽃 그림 아이콘이 나온 상태가 바로 접사 상태이다.

3) 화이트 밸런스 기능

화이트 밸런스(White Balance) 기능은 디지털 메모에서는 조금 욕심일 수 있다. 사진을 촬영하다 보면 색상이 자신의 의도와는 다르게 표현될 때가 있다. 피사체의 색이 본래의 색이 아닌 누렇거나 푸르게 촬영되는 경우이다. 이런 경우 화이트 밸런스를 이용하여 쉽게 해결할 수 있다. 화이트 밸런스는 쉽게 말해 흰색을 흰색답게 표현해 주는 것을 말한다. 일반적으로 태양광 아래에서 날이 밝은 경우, 태양광 아래에서 날이 어두운 경우, 백열등 실내, 형광등 실내, 자동 오토 화이트 밸런스 기능 정도가 내장되어 있다. 또한 기종에 따라서는 버튼을 클릭할 때마다 조금씩 화이트 밸런스 값이 변경되는 원 푸시(One Push) 버튼 기능도 있다.

이 정도 세 가지 기능만 알면 디지털 카메라를 이용한 디지털 메모는 충분히 할 수 있다. 또 디지털 카메라를 셔터 버튼만 눌러 왔던 사람들에게도 상당한 발전이 있을 것이다.

06 동영상 기능을 이용한 디지털 메모

아날로그 방식의 메모로는 움직이는 영상을 메모한다는 생각조차 할 수 없다. 1초 동안 25장에서 30장 정도 그려낼 수 있다면 가능하다. 그런데 어떻게 움직임을 메모할 수 있을까? 매우 생소하게 들릴지도 모르지만 사실 매우 흔하게 볼 수 있다. 축수선수들의 경기 내용을 동영상에 담아 전력을 분석한다든지 학원 수업을 동영상으로 저장해서 다시 확인하면서 공부하는 것도 일종의 동영상 메모라고 볼 수 있다.

수영이나 조깅 또는 요가처럼 자세가 중요한 경우에는 동영상 메모가 매우 요긴하다. 동영상이 저장된다는 것은 영상과 함께 소리가 저장된다는 것을 의미한다. 이 역시 적극적으로 활용해야 한다. 그때의 느낌을 소리로도 기록한다. 때로는 영상보다 소리가 더 중요한 메모일 수도 있다. 앞서 살펴본 취업준비자의 경우 '폰카'의 동영상 저장 기능을 이용하여 예비 면접을 실시해 보자. 아마도 몇 가지 잘못된 습관이나 자세를 교정할 수도 있을 것이다.

▫ 동작을 보다 다이내믹하게 담아내자. 멀찍이 떨어져서 전체의 동작을

잡으려다 보면 다이내믹한 감이 떨어지는 경우가 있다. 멀리 사이클을 타고 가는 사람보다는 내 카메라 앞에서 '획~' 하고 지나가는 역동성이 훨씬 재미있다. 물론 메모로서의 가치를 떨어뜨리지 않는 범위 내에서라면 말이다.

▪ 현장감을 살리기 위해서는 소리도 또 다른 주연으로 간주하자. 동영상 메모가 영화와 같은 느낌을 준다면 더욱 좋지 않을까.

3부
한곳에 모아라!

메모는 음식을 준비하고 섭취하는 일련의 과정에 비유할 수 있다. 음식은 싱싱한 재료도 중요하지만 원재료를 잘 다듬는 2차적인 가공 역시 매우 중요하다. 메모를 해놓고도 관리 소홀로 어디에 메모해 두었는지 모르거나 방치해 잃어버린다면 메모를 한 아무런 보람도 찾을 수 없을 것이다. 한곳에 메모를 정리한다면 생각지도 않았던 시너지 효과로 새로운 가치를 창출할 수도 있다.

01 PC에 모아라!

디지털 메모는 한곳에 모았을 때 그 효용성을 높일 수 있다. 사용하는 사람에 따라서 휴대전화에 모을 수도 있고, 디지털 카메라에 모을 수도 있지만 역시 PC에 모아야 그 효율성이 가장 높다. PC를 권하는 이유는 용량과 안정성 때문이다. 다른

디지털 도구 역시 용량면에서 상당한 진전이 있었지만 아직까지 PC를 따라올 만한 것은 없다. 따라서 PC는 디지털 메모의 최종 귀착지가 되어야지 출발지로 사용하기에는 적절치 않다. PC를 활용하는 또 다른 이유로는 데이터의 가공 편의성 때문

이다. 메모 데이터는 그 자체로도 가치를 지니지만 이합집산의 다양한 조합과 조작을 통한 가공으로 가치를 배가할 수 있다. 응용 프로그램들을 안정적으로 쓸 수 있는 플랫폼으로 PC를 따라올 수 있는 디지털 도구는 아직 없다. 그리고 마지막으로 PC는 그 자체로 강력한 디지털 메모 도구이기 때문이다. 가장 다양한 매체(문자, 이미지, 사운드, 동영상 등)를 저장할 수 있고, 이 메모들의 용량을 고려해 보면 PC는 디지털 메모의 최종 도착지로서 가장 바람직한 도구이다. PC를 베이스캠프로 삼아도 되지만 개인적인 상황에 따라 네트워크나 웹 공간이 디지털 메모의 최종 종착점이 될 수도 있다.

02 똑똑한 파일과 폴더 작명법

PC를 사용하다 보면 수많은 파일과 폴더가 생기는데 이는 반드시 일정한 규칙에 따라 정리해야 한다. 데이터가 너무 많아지면 꿰어지지 않은 구슬처럼 효율성이 떨어질 수밖에 없다. 다음은 파일과 폴더의 작명법과 PC의 데이터를 정리하는 일반적인 규칙에 관한 사항들이다. 어떻게 정리해야 하는지 차근차근 알아보자.

첫째, 하드디스크는 크게 OS 및 소프트웨어를 위한 공간과 데이터를 위한 공간으로 구분한다. OS란 오퍼레이팅 시스템 (Operating System)을 말하는데 윈도우즈와 같은 시스템 소프트웨어를 뜻한다. 사용자가 선택한 소프트웨어들과 '내 문서' 폴더와 파일들은 같은 드라이버('C:\' 드라이버)로 구분한다. 나머지 데이터 파일들은 다른 드라이버에 저장한다. 되도록이면 하드웨어도 구분하여 저장하는 것이 좋다. 이는 데이터가 손상될 경우를 대비하기 위해서인데, OS나 소프트웨어보다는 데이터가 훨씬 더 중요하기 때문이다.

둘째, 데이터를 저장하는 폴더를 만들 때는 폴더 안에 폴더를 층층이 만드는 것보다는 수평적으로 만들어야 한눈에 파악하기 쉽다. 한 폴더 안에 또 다른 폴더, 또 그 밑으로 여러 층의 폴더를 만들지 않도록 한다.

셋째, 폴더나 파일의 이름을 지을 때 정렬되는 순서를 염두에 둔다. 파일이나 폴더가 정렬될 때 원하는 순서로 정렬되기 위해서 앞에 아라비아 숫자로 시작한다거나 기호로 시작하도록 한다.

넷째, 되도록이면 파일명이나 폴더명은 영문으로 작성한다. 소프트웨어 제작사가 해외 기업이면 한글 소프트웨어를 개발했다고 하더라도 자동 저장(Auto Save) 기능과 같은 과정에서 에러가 생길 수도 있기 때문이다. 작업중인 파일이 자동 저장이 되지 않는다면 손해는 고스란히 자신의 몫으로 돌아오고 만다. 필자가 주로 사용하는 그래픽 프로그램은 파일명을 한글로 작성한 경우 자동 저장 기능이 제대로 작동하지 않았다. 그래서 되도록이면 영문이름으로 파일명을 작성한다.

다섯째, 파일명이나 폴더명이 길어질 경우, 빈칸보다는 언더 바(_)를 이용해 체계적으로 구분하는 것이 좋다. 예를 들어 다음과 같이 짓는다.

- 03_내용_프로젝트명_날짜.확장자
- 03_Account_RCbuild_060201.xls

여섯째, 날짜를 기입하는 것이 유리한지를 판단해야 한다. 이 역시 메모의 가치를 가늠할 수 있는 잣대가 될 수 있다.

일곱째, 대문자와 소문자의 구분이 필요한지에 대해 판단해야 한다. 기왕이면 통일하는 것이 좋다.

여덟째, 임시 대기 폴더를 만들어 외부에서 복사한 파일을 임시로 저장한 후 이름을 수정해 정리·저장할 수 있도록 한다.

건축 분야에서는 하나의 프로젝트를 진행하면서 보편적인 폴더명 작성 규약을 사용한다. 이는 작업과정에 따라 일목요연한 정보의 보관과 처리를 가능하게 만들고 있다. 상위 디렉토리는 작업순서에 따라 숫자를 부여했고, 서브디렉토리는 이 책에 소개하지는 않았지만 분야별로 순서와 무관하게 이름 붙인다. 각자의 경우에 맞도록 수정하여 적용시킬 만하다.

① 기획설계 단계(Programming and pre-design phase) : 1PREDES
② 계획설계 단계(Schematic design and concept phase) : 2SCHEM
③ 기본설계 단계(Design development phase) : 3DESDEV
④ 실시설계 단계(Construction document phase) : 4CONDOC
⑤ 계약허가 단계(Contract submittal phase) : 5CONTRAC
⑥ 저장보관 단계(Record document phase) : 6RECORD
⑦ 사후처리, 유지보수 단계(Facility management phase) : 7FACMAN
⑧ 프레젠테이션, 결과물 저장 단계 : 8PRESENT

* 이 폴더명은 미국건축가협회의 표준안으로 제안되고 있다.

파일 시스템, 로미오와 줄리엣

윈도우즈가 95버전 이상으로 버전업되면서 파일명을 길게 써도 되는 시스템을 적용하기 시작했다. 그 시스템이 바로 로미오와 줄리엣(사실 Joliet이므로 졸리엣이 맞겠지만) 방식이다.

로미오 시스템은 128개의 문자를 사용하는 파일시스템으로

도스에서는 '8+3' 형태로 표시되었다. 로미오는 윈도우즈 95와 윈도우즈 NT 3.51에서 읽을 수 있으며 파일명이 31자가 넘지 않으면 매킨토시에서도 인식할 수 있다.

줄리엣 시스템은 마이크로소프트 사에서 만든 것으로 파일명을 8자리에서 벗어나 긴 파일 이름을 사용할 수 있게 하였다. 최대 64자리까지 쓸 수 있다.

03 아이디와 패스워드 관리

여러 개의 아이디(ID)와 패스워드(Password)를 외우는 사람이 있다. 어떻게 그럴 수 있을까? 신기할 따름이다. 물론 다시 생각나는 경우가 더 많지만 만약 잊어버린 아이디와 패스워드가 인터넷 뱅킹의 그것이면 문제가 다르다. 인터넷 뱅킹의 경우 몇 번의 패스워드를 입력하는 기회를 놓치게 되면 계좌가 닫혀서 직접 은행을 찾아가 본인임을 확인하는 인증 과정을 거쳐야 한다. 물론 다른 사람이 내 계좌에 들어가서 여러 번의 실험을 통해 힘들게 번 돈을 가져가는 것보다는 백 번 나은 일이지만 직접 은행을 찾아가는 것도 끔찍한 일임에는 분명하다. 인터넷 뱅킹을 이용하는 사람이라면 재택 업무의 효율성을 추구하는 경향이 높을 것이다. 그런 사람이 직접 은행에 다녀온다는 것은 상대적으로 매우 비효율적인 일이 될 수밖에 없다. 그러면 아이디와 패스워드를 정하는 기준을 어떻게 세워야 할까?

■ 아이디는 되도록이면 하나만 사용하고, 패스워드는 분명한 몇 개를 돌아가면서 사용하자!

어떤 사람들은 반문할 수도 있다. 어느 한곳에서 아이디와 패스워드가 해킹되면 다른 사이트의 아이디와 패스워드 역시 해킹되는 것이나 다름없다고……. 은행 계좌는 물론이고 모든 사적인 신상 정보가 노출되는 것이라고 말이다. 그러나 해킹이 무서워서 매번 다른 아이디와 패스워드를 사용할 필요는 없다. 아이디는 동일하게 하고 패스워드만 자주 변경해 주면 되기 때문이다. 패스워드도 매번 새롭게 만든다는 것이 그리 쉬운 일은 아니다. 서너 개의 패스워드를 만들어놓고 돌려 쓰자. 중복되지 않는 독창적인 아이디를 하나 만들고 남들이 알아볼 수 없는 패스워드와 그 힌트를 마련해 두는 방법에 대해 알아본다.

▪ 중복되지 않는 독창적인 아이디를 만든다.

하나의 아이디를 사용하려면 어느 사이트에서도 중복되지 않아야 하기 때문에 독창적이어야 한다. 기억하기에도 편하고 독창적인 아이디를 어떻게 만들 수 있을까? 예를 들어 'rkfcl88'란 아이디를 만든다면 중복될 확률은 거의 없다. 'rkfcl'는 영문 자판으로 놓고 한글 '갈치'를 입력한 경우이고, 이 역시 중복될 것을 대비해서 뒤에 팔팔(88)을 넣은 것이다.

더욱 더 중복되지 않게 '88'을 중간에 넣는 방법도 괜찮다. 아이디 작명법에 제한을 둘 때 4~8(또는 4~12)자의 길이로 제한하거나 반드시 아라비아 숫자를 같이 쓰도록 하는 곳도 있으니 모든 조건을 충족시키는 통일된 하나의 아이디가 필요하다.

- 8~12자로 영문과 숫자가 조합된 생뚱한 패스워드를 만든다. 사이트마다 패스워드를 만드는 데 제한이 다르므로 통일된 조건의 패스워드가 필요하다. 길이는 8자 정도가 무난하다.

패스워드를 정하는 방법은 사이트마다 조금씩 차이가 나지만 공통적으로 8~12자 사이에 영문과 숫자가 혼용되면 적당하다. 필자의 경우 영문 8자의 패스워드를 만들었는데 신용카드 사이트의 비밀번호 입력시 숫자와 영문을 혼용하라는 주문 때문에 결국 다른 패스워드를 만들었던 경험이 있다. 그리고 다시 한 번 확인하자. 생년월일이나 전화번호가 포함되지 않았는지, 아니면 아파트 호실이나 자동차 번호가 포함되지 않았는지 꼭 확인하자. 또 평소의 언행에서 힌트가 될 만한 뭔가가 포함되지 않았는지도 확인해야 한다. 영문 'o'가 들어갈 곳에 아라비아 숫자 '0'가 들어가도 좋은 효과를 가져올 수 있다.

▣ 나만이 알아볼 수 있는 힌트를 메모한다.

어딘가에 아이디와 패스워드를 나만이 알아볼 수 있도록 메모해 두면 더욱 안심할 수 있다. 연상시킬 수 있는 그 무엇이면 된다. 다음과 같이 메모 안에 얼마든지 아이디와 패스워드를 숨겨둘 수 있다.

금호 갈치낚시

shinhan_good 2048 금호방조제-선상|36분|8~12|1~1.5|양호|20.3|

안녕하십니까.

매일 팔팔한 갈치낚시(방조제, 선상낚시) 출조하고 있습니다. 출조 계획 있으신 분은 연락 주십시오.

신한 2389호는 매주 수요일에 예약을 받고 있사오니 미리 예약 바랍니다.

감사합니다. 오늘도 좋은 하루 되십시오.

■ 마치 바다낚시 광고를 옮겨 놓은 것 같지만 중요한 아이디와 패스워드 정보가 담겨 있다.

필자의 선배는 신용카드를 도난당한 적이 있었는데 범인이 현금서비스를 받아가는 바람에 보험처리도 되지 않아 낭패를 보았다. 나중에 밝혀진 일이지만 전문 털이범의 소행으로 아마도 주변에서 하루 이틀은 서성이며 정보를 수집했을 거라고 수사관은 이야기한다. 그 선배의 비밀번호는 차량번호였다. 필자를 비롯하여 주변 사람들을 두 번 놀라게 했던 것은 그 선배가 이미 신용카드를 도난당했고 그때에도 범인은 신용카드로 현금서비스를 받았다는 것이다. 그때의 패스워드는 집 전화번호였다고 한다. 어쨌든 선배는 손해를 메우기 위해 묵직한 무협지 타이핑 아르바이트를 해야만 했었다.

04 스케줄 메모의 관리법

어떤 사람에게는 스케줄이 가장 중요한 메모일 수 있다. 특히 연예인이나 전문 강사와 같은 직종에 종사하는 사람들에게는 신용이 걸린 문제이기 때문이다. 이미 이러한 필요성을 느끼는 사람들은 막강한(?) 다이어리가 늘 준비되어 있다. 중간 중간 참고할 만한 자료도 붙이고 소식지도 스크랩한 덕분에 다이어리는 이미 부풀 대로 부풀어져 있다. 이런 정도의 노력가라면 스케줄을 놓칠 일이 거의 없을 것이다. 그러나 아날로그 메모는 관리와 활용 측면에서 제약이 따른다. 다이어리를 잃어버린다는 극단적인 상황은 제외하더라도 스케줄을 확인하기 위해 매번 들여다보아야 한다는 상황은 늘 긴장감을 불러일으키기 때문이다. 약속을 어기는 일은 없겠지만 항상 다이어리를 휴대해야 하는 불편함이 따른다. 게다가 여럿이 함께 하는 공동작업의 경우는 어떠한가? 각자의 스케줄로 인해 약속 한 번 잡으려면 여러 번의 일정 변경을 해야 함은 물론 가까스로 잡은 약속이 무산되는 경우도 허다하다. 이럴 경우 디지털 스케줄러를 사용해 보면 어떨까?

Tip 6 ◉ 추천 소프트웨어 네이트온의 메모짱

네이트온에서 제공하는 〈메모짱〉은 아날로그 방식의 다이어리 메모가 할 수 없는 여러 가지 이점을 제공한다. 우선 다이어리로부터 자유로워질 수 있고 인터넷이 가능한 곳에서는 언제든지 스케줄을 확인할 수 있다. 특히 무선 인터넷의 폭발적인 보급으로 거의 모든 곳에서 스케줄을 확인할 수 있게 된 것이다. 머잖아 휴대전화로도 일정을 확인할 수 있을 것이라고 한다.

게다가 '메모 보내기' 기능으로 스케줄을 주소록에 있는 다른 사람과 공유할 수 있다는 이점은 공동작업을 하는 사람들에게는 더할 나위 없는 매력으로 다가온다. 이 기능은 프리랜서들간의 스

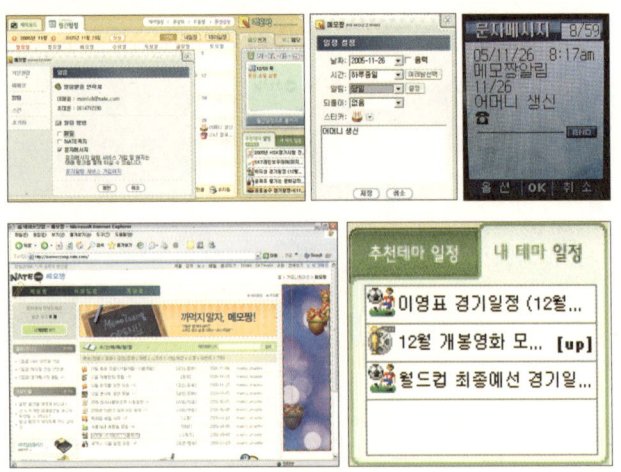

 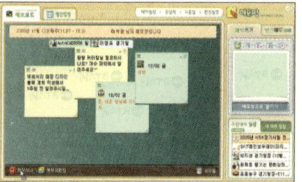

케줄 공유에서 작은 팀 작업에 이르기까지 상당한 응용이 가능하며 시간을 효율적으로 관리할 수 있게 해준다. 필자의 경우 동료 프리랜서 테크라이터들과 공동으로 책을 집필하는 경우가 종종 있다. 테크라이터는 테크니컬 라이터(Technical Writer)의 줄임말로 주로 IT 관련 기술서를 집필하거나 잡지나 신문에 원고를 기고하는 전문 작가를 말한다. 한곳에서 함께 작업하는 경우는 드물지만 가끔 만나서 원고의 내용을 협의하고 조정해야 할 때가 있다. 이런 경우에 메모 보내기 기능은 빛을 발한다. 예를 들어 '9월에 약속을 정하자.' 또는 '9월 두 번째 주에 약속을 정하자.'고 하면 그 전후의 개인 스케줄을 서로에게 보내서 비는 시간을 눈으로 확인하고 약속 시간을 정하고 있다.

마지막으로 휴대전화와 연동되는 스케줄 알림기능은 〈메모짱〉을 디지털 스케줄러로서 손색이 없게 만든다. 다른 디지털 다이어리와 비교하면 매우 심플하고 기능도 간편하다. 디지털 기반의 스케줄러가 필요한 사람이라면 〈메모짱〉으로 충분할 것이다. 〈메모짱〉의 특징을 충분히 숙지하고 사용하면 효율성을 더욱 높일 수 있다.

1) 쉽고 심플한 인터페이스

인터페이스(Interface)는 화면구성을 말하는데, 〈메모짱〉은 보기에도 좋을 뿐만 아니라 처음 사용하는 사람이라도 쉽게 사용할 수 있도록 되어 있다.

음력, 명절, 공휴일, 기념일 등을 표시할 수 있으며, 스케줄을 입력할 때 이미지 스티커로 표시할 수 있다.

2) 중요한 스케줄을 체크하는 문자메시지 알림 서비스

중요한 스케줄은 메일이나 NATE 쪽지 혹은 휴대전화 문자 메시지(유료)로 알림 기능을 설정해 놓는다.

3) 〈메모짱〉의 테마 일정을 내 일정으로 활용

〈메모짱〉 홈페이지에는 쓸 만한 테마 일정이 많이 있다. 이영표의 경기 일정이나 이 달에 새로 개봉하는 영화 일정 등을 미리 테마 일정으로 마련해 두었다. 가져다 내 〈메모짱〉에 옮겨 쓰면 그만이다. 특별한 스케줄이 없는 사람들에게 그만이다.

4) 내 스케줄 보내기

〈메모짱〉의 가장 큰 매력 포인트는 스케줄을 친구들과 주고받을 수 있다는 점이다. 동료들의 스케줄이 한 일정표에 고스란히 정리되어 있으므로 팀으로 작업할 경우에는 큰 도움이 된다. 게다가 〈네이트온〉에 로그인 되어 있는 경우에는 실시간으로 메모를 확인할 수 있고 로그인 되어 있지 않은 경우에도 받은 메모함에 들어가 있게 되므로 말 그대로 시간과 공간의 제약을 받지 않음을 실감할 수 있다.(◐ 부록 06 참조)

05 아이디어 메모의 관리법

앞서 소개한 〈메모짱〉과 마이크로 소프트의 아웃룩(MS Outlook)이 스케줄 메모를 위한 디지털 툴이라면, 마이크로 소프트의 원노트(MS OneNote)는 아이디어 메모를 위한 디지털 도구이다. 메모를 꼼꼼히 해보고 싶은 사람들이라면 정복해 볼 만하다. 〈원노트〉에는 메모와 관련된 기능이 아주 많다. 그래서 너무 기능이 많다는 점이 단점이 되기도 한다. 그러나 아이디어 메모가 업무에 중요한 영향을 미치거나 디지털의 힘을 빌려 메모의 효율을 극대화하려는 사람에게는 적극 추천할 만하다.

〈원노트〉를 단연 아이디어 메모 도구로 추천하는 이유를 들면 다음과 같다.

첫째, 〈원노트〉는 다른 마이크로소프트의 오피스 프로그램과 함께 사용하여 더욱 막강한 힘을 발휘한다. 종합 이메일 솔루션인 아웃룩(MS Outlook)을 비롯해서 프레젠테이션 프로그램인 파워포인트(MS Powerpoint), 워드 프로그램인 워드(MS Word) 및 엑셀(MS Excel)이나 엑세스(MS Access)도 연동해서 사용할 수 있다. 즉 워드에서 작성한 글을 〈원노트〉로 가져올 수 있고 또 그 기록을 〈아웃룩〉을 이용해 이메일로 보낼 수도 있다는 것이다.

둘째, 아이디어는 일정한 틀이 없이 마치 가벼운 감전과도 같이 다가오게 마련인데 이를 메모하려면 다양한 방법(매체)으로 기록해야 할 필요가 있다. 다양한 매체로 기록하는 도구로 〈원노트〉만한 것이 없다.

- 키보드 입력
- 디지타이저 또는 마우스 입력
- 이미지 삽입
- 오디오 삽입
- 비디오 삽입
- 기타 MS 오피스 프로그램 데이터 교환

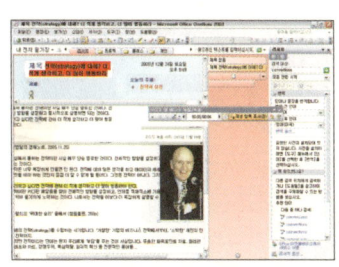
■ 〈원노트〉의 다양한 기록 방법

셋째, 〈원노트〉를 이용하는 도중에 화면 캡쳐로 '보이는 것'을 이미지로 저장할 수 있다. 화면 캡쳐 기능은

■ 〈원노트〉에서 바로 웹이미지를 캡쳐, 편집할 수 있다.

자료를 보관하면서 여러 번 곱씹으며 검토할 수 있다는 장점이 있다.

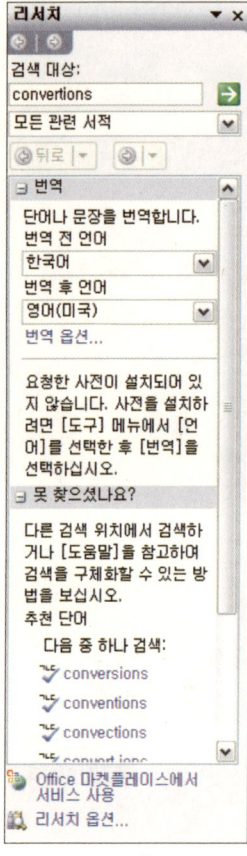

■ 〈원노트〉 리서치

넷째, 인터넷에 연결되어 있다면 리서치 도구를 이용하여 바로 데이터를 검색해 볼 수 있다. 그 밖에도 여러 장점을 가지고 있으므로 도전해 보자. 〈원노트〉는 다양한 방법으로 아이디어를 메모할 수 있을 뿐만 아니라 자동으로 한곳에 모이게 하는 디지털 아이디어 메모로서는 종합선물세트이다.

다섯째, 이런 전문 디지털 메모 도구들은 모든 메모 내용을 한곳의 폴더로 저장한다. 이 점은 매우 중요하다. 여기저기에 있는 내 메모들을 별도의 노력으로 한곳에 모을 필요가 전혀 없다는 것이다. 만약 다른 장소,

다른 PC에서 작업을 하려면 일정한 폴더의 데이터만 저장해서 손쉽게 환경 전체를 이동할 수 있다. 일정한 기간을 정해 놓고 웹(네트워크)상에 저장한다면 메모의 가치를 더욱 높일 수 있을 것이다.

06 잘 보이는 곳에 모아라!

　PC 앞에서 오랫동안 작업을 하는 사람들에게 눈에 가장 잘 띄는 곳은 모니터이다. 그래서 사람들은 흔히 모니터 주변에 노란색 포스트잇을 붙여 놓기도 한다. 그렇다면 모니터 테두리 말고 더 눈에 잘 띄는 곳은 어디일까? 모니터의 화면이다. 바탕화면에는 포스트잇을 붙일 수는 없지만 디지털 메모는 가능하다. 바탕화면에는 가장 중요한 메모를 딱 하나만 하자. 디자인도 충분히 멋지게 할 수 있다. 인생의 명언도 좋고 데이트 약속도 좋다. 멋진 디자인으로 메모해 보자. 월 페이퍼(Wall Paper)를 메모로 사용하면 된다. 바탕화면에 메모하는 것은 테크닉이라고 할 것도 없다. 그만큼 쉽기 때문이다. 바탕화면의 이미지 즉 월 페이퍼를 교체할 수만 있으면 된다.(●부록 18 참조)

■ 바탕화면에 메모하기(바탕 이미지＋디지털 포스트잇)

07 즐겨찾기도 일종의 메모함

웹 브라우저를 한 번이라도 사용해 본 사람이라면 아마도 '즐겨찾기'가 무엇이라는 것쯤은 알고 있을 것이다. 사실 '즐겨찾기(Favorite)'는 마이크로소프트의 인터넷 익스플로러(Internet Explorer)에서 사용하는 용어이다. 일반적으로는 '북마크(Bookmark)'라고 부른다. 이는 인터넷의 웹 브라우저에서 웹 사이트의 주소를 등록해 놓고 나중에 바로 찾아갈 수 있도록 하는 기능이다. 원래는 책에 읽은 곳을 표시하는 책갈피를 끼운다는 의미이다. 당연히 특정 웹 사이트나 홈페이지를 방문하고 나중에 다시 찾아가고자 할 때, 새로 그곳을 찾기 위해 검색 엔진을 이용하거나, 주소를 새로 입력할 필요가 없으므로 편리하다. 웹 사이트 자체가 하나의 정보라는 관점에서 '즐겨찾기'도 일종의 메모인 셈이다. 이 즐겨찾기 기능을 십분 활용하면 좋은 디지털 메모가 될 수 있다. 그러기 위해서는 몇 가지 테크닉이 필요하다.

첫째, 나만의 즐겨찾기를 만든다. 각종 포털 사이트나 유용한 웹 사이트를 링크시켜 놓은 '즐겨찾기' 형 사이트들이 많이 있다. 실제로 매우 유용하지만 내가 만든 즐겨찾기보다는 못하다. 정보의 홍수 속에서 나에게 꼭 필요한 정보를 찾아야 하므로 '즐겨찾기'형 사이트를 참고해 나만의 즐겨찾기를 만드는 것이 필요하다.

둘째, 즐겨찾기를 정기적으로 저장한다. 인터넷을 검색하면서 유용한 웹 사이트나 디자인이 멋진 웹 사이트를 발견하면 즐겨찾기로 저장하게 마련이다. 이는 중요한 정보일 뿐만 아니라 메모이다. 저장되는 즐겨찾기는 '년, 월, 일'을 포함한 파일명으로 저장하는 것이 좋다.

셋째, 저장된 즐겨찾기는 네트워크상에 저장한다. 파일 자체가 가볍기 때문에 나한테 이메일을 보내두는 것으로 충분하다.

즐겨찾기에도 스케줄 메모를 할 수 있다

즐겨찾기에도 메모를 할 수 있다. 기록할 수 있는 모든 도구를 이용하는 것이 바로 디지털 메모의 정신이다. 우리는 종종 이메일 제목 뒤에 '냉무'라고 써 있는 메일을 받은 경험이 있을 것이다. 제목만으로 메시지 전달이 충분할 경우 내용을 기록하

지 않았다는 것이다. '냉무'는 바로 '내용 무'를 뜻한다. 즐겨찾기에 폴더만 하나 만들어서 폴더 이름에 스케줄 메모를 하자. 자주 보는 곳이므로 메모로서의 제 기능을 다할 수 있을 것이다.

08 디지털 카메라도 하나의 외장 메모리

디지털 카메라에는 메모리가 탑재되어 있다. 찍은 사진을 저장하고 PC로 옮기기 위해서는 반드시 저장 공간이 필요하다. 디지털 카메라마다 메모리 형식의 차이는 있지만 일반적으로 수 메가(MB)에서부터 수 기가(GB)에 이르기까지 다양한 용량을 가지고 있다. 카드 리더기만 있으면 이 모든 형식의 메모리를 PC로 읽어올 수 있다. 반드시 이미지 파일일 필요는 없다. 일반 데이터도 용량 내에서 충분히 저장하고 다시 읽어올 수 있다. 각자의 디지털 카메라를 확인해 어떤 디지털 메모리를 쓰고 있는지 확인하고 그 장단점을 알아두는 것이 필요하다.

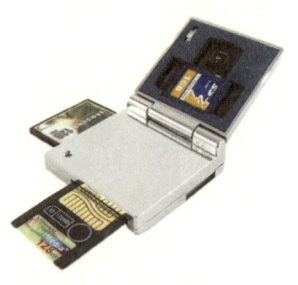

■ Cardreader / 다양한 메모리 카드를 읽을 수 있다.

Type		특 징
콤팩트 플래시 메모리(CF)	Compactflash	일반적으로 가장 많이 사용되는 메모리로 수 MB에서부터 수 GB까지 용량이 다양하다. 크기가 작고 안정성이 뛰어나서 많이 사용된다.
스마트 미디어 카드(SMC)	Smartmedia	크기는 콤팩트 플래시 메모리에 비해 약간 크고 얇아 휴대시 파손의 위험이 있으며 초기 디지털 기기의 메모리로 주로 사용되었지만 현재 XD카드로 대체되고 있다. 메모리의 특성상 128MB 이상의 고용량은 개발이 어려워 시판되지 않고 있다.
멀티미디어카드, 시큐어 디지털 카드 (MMC/SD)	Multimedia	두께가 얇고 크기가 작아 소형 디지털 카메라와 캠코더에 주로 사용되며 크기가 작기 때문에 분실의 위험이 있다. 현재 MMC는 거의 사용되지 않으며, 안정성이 뛰어난 SD 카드로 대체되어 고용량으로 개발되고 있다.
XD 메모리 카드	XD memory	올림푸스와 후지필름의 공동 합작으로 만들어낸 차세대 메모리카드로 크기가 작고 얇다. 고용량까지 개발 가능성이 있는 차세대 메모리이다.
메모리 스틱 (M/S)	Memorystick	소니에서 자체적으로 개발된 메모리카드로 소니에서 발매되는 모든 노트북, 캠코더 등 디지털 기기와 호환이 가능한 메모리이다. 소니 사의 기기에서만 사용이 가능하다는 단점이 있지만 안정성이 뛰어나 에러율이 낮다.
마이크로 드라이브 (Micro Drive)	Microdrive	IBM에서 개발한 메모리로 하드디스크에 기반을 둔 대용량 메모리이다. 내부 구조가 컴퓨터의 하드디스크와 비슷하여 초기 가동 시간이 필요하며 충격에 민감하다. 또한 열이 발생되는 단점이 있다.

4부
영원한 생명력을 부여하라!

이제 즉각 반응하여 기록된 메모가 한곳에 모이면 어떤 새로운 가치가 생겨나는지 또 그래서 어떤 이득을 얻을 수 있는지에 대해 살펴볼 것이다. 때로는 하나의 메모를 몇 개의 도구로 솎아내기도 할 것이고, 여러 개의 메모를 하나의 도구로 변모시켜 전혀 새로운 가치를 만들어낼 것이다. 홍수에는 오히려 마실 물이 적다고 했다. 흙탕물에 비유했던 무절제한 정보를 '메모'라고 하는 필터를 통해 어떻게 나에게 유익한 '마실 물'로 탈바꿈하게 되는지 그 과정을 지켜보자.

01 단편 정보, 드디어 '나비'가 되다!

단편적인 메모는 개개의 정보로서는 그다지 큰 도움이 되지 못하며 제약이 따를 수밖에 없다. 하나의 정보보다는 다수의 정보가, 시·공간의 제약이 따르는 정보보다는 제약에서 자유로운 정보가 더욱 유용하다. 습관적인 메모로 정보를 기록해 이를 한데 모았다면 다음 준비는 '디지털'의 속성을 충분히 활용하는 일만 남아 있다. 특히 이 과정에서는 '디지털'의 대표적인 속성, 즉 네트워크를 통해 스스로 사고하는 메모로 만드는 것이 중요하다. 다음은 '나만의 정보'가 '모두를 위한 살아있는 정보'로 탈바꿈된 사례이다.

메모의 달인! 디지털 날개를 달다

김달진미술연구소의 김달진 소장은 25년 정도 미술 관련 일에 종사하면서 수많은 자료들을 수집하고 있다. 매주 금요일이면 미술관과 전시장을 돌며 자료를 수집하기 때문에 '금요일의 사나이'라는 별명을 가지고 있다. 김달진 소장이 메모의 달인으로 불리는 이유는 모아진 자료를 그대로 서가에 진열하는 것으로 그치지 않는 데 있다. 그는 기존 자료의 오류를 바로잡는 파수꾼으로 유명하다. 월북작가 김용준(1904~1967)의 중앙고보 시절 학적부를 발견해 한자 이름이 지금껏 알려진 것과 다르다는 사실도 밝혀냈다. 이인성 회고전 때는 '노란 옷을 입은 여인'에 적힌 작가 사인과 제작연대가 사후에 추가된 것임을 밝혀내기도 했다. 1990년에 발행된 한국 '근대회화 선집'에 작품이 실렸을 때는 사인이 없었다는 점을 확인했기 때문이다. 그는 기억력이 아닌 방대한 자료와 메모로 신뢰를 얻고 있다.(중앙일보 2002년 2월 6일자 기사 부분 인용)

디지털 시대를 살고 있는 우리에게는 쉽게 빠질 수 있는 함정이 있다. 바로 숱한 정보가 내 것인 양 생각할 수 있다는 것이다. 내 손길이 한 번 머물고, 내 머리로 생각해 보지 않는 정보는 내 것이 될 수 없다. 그런 점에서 김달진 소장의 정보는 확연히 구별된다. 그리고 마침내 김달진 소장은 2002년 9월 인터넷 항해를 시작했다. 디지털의 날개를 달기 시작한 것이다(달진닷컴 www.daljin.com).

02 이메일 메모와 이메일 계정

개인 PC가 아닌 곳, 즉 PC방이나 동료의 자리 또는 인터넷 검색대에서 작업을 하거나 검색을 하는 경우가 종종 있다. 이런 경우 작업한 데이터를 이메일로 자신에게 보내는 방법을 통해 데이터에 무한한 생명력을 부여할 수 있다. 최근에는 엄청난 저장 능력을 가진 이메일을 무료로 제공하는 포털 사이트가 많이 등장했기 때문에 이메일 메모는 거의 한계가 없어 보인다. 이메일은 공간의 제약에서 벗어난 네트워크 공간에 저장된다는 점에 주목하자!

- '내가 나한테' 보내는 이메일은 훌륭한 디지털 메모이므로 적극적으로 활용하자!

여기에 좀더 확실한 분류체계로 이메일 메모에 한층 더 힘을 실어주자. 많은 사람들이 하나 이상의 무료 이메일 계정을 가지고 있다. 포털 사이트에 가입하는 것만으로도 저절로 이메일이 만들어진다. 이메일 계정을 만들 때 용도별로 구분해서 사용하면 어떨까? 되도록이면 POP 서비스가 제공되는 이메일 계정을 만들고, 타 사이트 회원 가입시 입력하는 용도의 이메일, 내가 나한테 보내는 이메일(대용량), 영수증이나 고지서 등을 저장하는 이메일로 구분하는 것이다. 이런 식으로 분류하면 이메일의 중요도를 파악하기 쉬울 뿐만 아니라 스팸 메일 역시 걸러내기 쉽다.

POP(Post Office Protocol) 서비스는 사용자가 쉘 계정이 있는 호스트에 직접 접속하여 메일을 읽지 않고 자신의 PC에서 바로 로컬 메일 리더(유도라나 넷스케이프 메일)를 이용하여 자신의 메일을 다운로드 받아서 보여주는 것을 정의한 프로토콜이다. 예를 들면 POP 서비스가 가능한 A메일, B메일, C메일을 별도로 접근하여 확인하는 것이 아니라, 하나의 메일 클라이언트에서 통합하여 확인할 수 있도록 하는 것이다.

- 되도록이면 POP 서비스가 제공되는 이메일 계정을 만들자.
- 아이디와 패스워드는 통일하자!
- 여러 용도별로 이메일 계정을 만들어 사용하자. 중요도와 쓰임새별로 구분하자.
- 타 사이트 회원 가입용 계정 : 중요도가 낮기 때문에 해당 사이트의 홍보성 이메일이 수시로 도착할 수 있다.

- 내가 나한테 보내는 계정 : 중요도가 높으므로 대용량이면 좋다. 작업한 내용도 보내야 할 경우도 있으니 말이다.
- 각종 영수증, 전자 고지서 등을 위한 계정 : 보험회사 사이트에 가입할 때나 각종 자동이체 영수증이 도착할 수 있도록 한다.
- 메일링 리스트 서비스를 위한 계정 : 중요도는 보통이다. 정기적으로 유용한 정보를 메일링하는 서비스이다.
- 그 밖에 개인적으로 필요한 이메일 계정을 추가한다.

03 이메일과 결합한 완벽한 스케줄 메모

〈아웃룩〉에는 이메일 기능과 스케줄러의 기능이 한데 모아져 있다. 마이크로 소프트의 오피스 제품을 설치해야 사용할 수 있다. 하지만 윈도우즈를 설치하면 기본적으로 제공되는 아웃룩 익스프레스(Outlook Express)를 사용해도 괜찮다. 크게 다르지 않기 때문이다. 우선 〈아웃룩〉은 방대한 기능을 자랑한다. 특히 관리 업무를 처리해야 하는 사람들에게 필요한 기능을 모

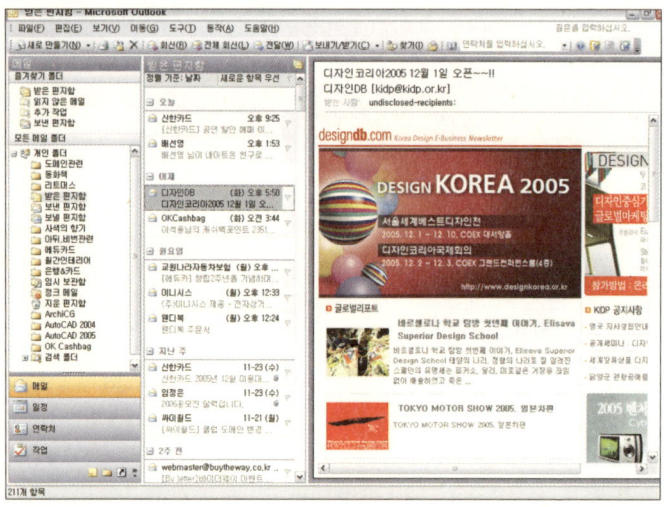

■ 〈아웃룩〉의 메일 카테고리

두 갖추고 있다. 크게 메일, 일정, 연락처, 작업의 네 가지 카테고리를 갖는다.

1) 메일 주고받기

당연히 〈아웃룩〉의 최고 기능은 메일링 기능이다. POP 기능으로 메일을 받으며 여러 계정으로 이메일을 발송할 수 있다. 여러 개의 이메일을 가지고 있고, 또 각기 다른 계정으로 이메일을 발송해야 하는 업무에 적합하다.

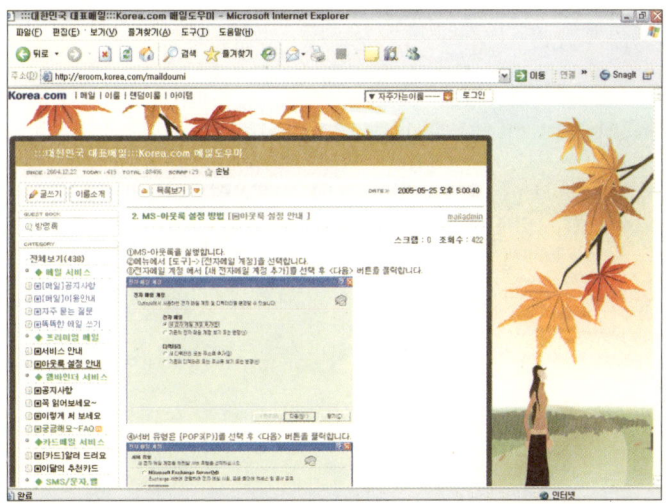

■ Korea.com의 아웃룩 POP설정 도우미

예를 들어 출판사 영업부 김 대리는 야간에는 대학원에서 전문출판인 수업을 듣는다. 그래서 몇 개의 이메일 계정을 별도로 만들었다. 업무에 필요한 이메일을 주고받을 때는 A사의 이메일을, 수업에 관한 리포트를 제출하거나 자료를 요청할 경우에는 B사의 이메일을 사용한다. 그리고 업무에 관련해서도 대리점 관리는 B사의 이메일을, 독자 관리는 C사의 이메일을, 학교나 학원에 도서를 도매하는 경우에는 D사의 이메일을 사용한다. 매우 합리적인 방법이긴 하지만 매번 해당 이메일 사이트에 로그인해서 이메일을 확인한다는 것은 여간 불편한 일이 아닐 수 없다.

이때 필요한 기능이 바로 POP 기능이다. 〈아웃룩〉(로컬 메일 리더)에서 각 이메일 회사(A, B, C, D사)의 POP를 설정하면 〈아웃룩〉으로 A, B, C, D사의 이메일이 한꺼번에 배달되어 온다. 중요한 것은 이메일 회사(호스트)가 POP 서비스를 제공해야 한다는 것이다. 실제로 POP 서비스를 제공하지 않는 포털 사이트가 많다. 이메일을 이용하는 사람들은 당연히 해당 사이트에 방문해서 광고를 보라는 것이다. 그래서 POP 서비스를 제공하는 포털 사이트를 찾아 받는 이메일은 POP 계정으로, 보내는 이메일은 SMTP 계정을 설정해야 한다. POP가 받는 메일을 위한 프로토콜이라면, SMTP는 보내는 메일을 위한 프로토콜이라고 생각하면 된다.

- 각 이메일 호스트에서 POP 설정을 알아내 〈아웃룩〉에서 모든 이메일을 확인하자!

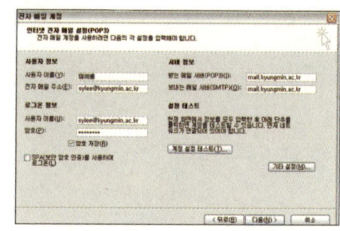

■ 〈아웃룩〉의 POP설정 대화상자

여러 개의 전자 메일 계정을 설정해 두었다면 기본값을 어느 계정으로 설정하느냐에 따라 보내는 이메일 계정을 달리할 수 있다.(● 부록 09 참조)

- 각 이메일 호스트에서 SMTP 설정을 알아내 〈아웃룩〉에서 업무에 적합한 계정별 이메일을 보내자!

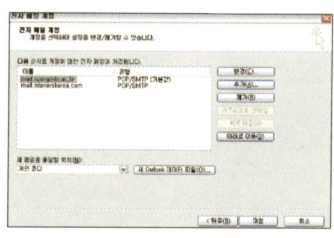

■ 〈아웃룩〉의 POP설정 대화상자

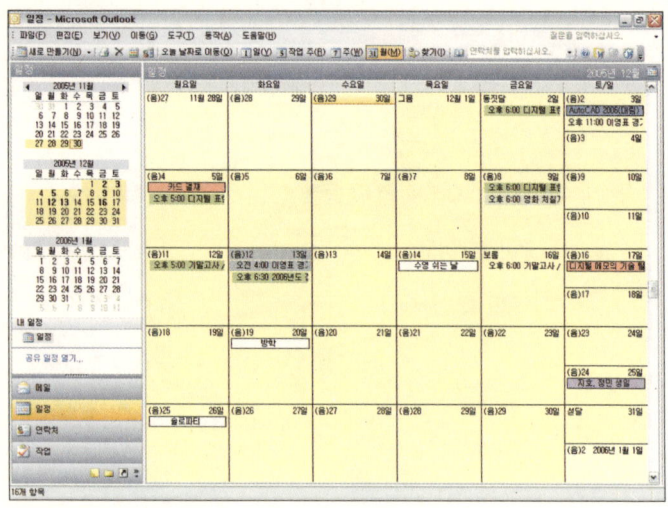

■ 〈아웃룩〉의 일정 카테고리

2) 스케줄 관리

〈아웃룩〉의 스케줄 관리는 메일, 연락처, 작업 카테고리와 연계하여 사용하자. 스케줄 관리 자체의 기능은 여타 스케줄 관리 프로그램들과 마찬가지로 평범하다. 그러나 〈아웃룩〉에 포함된 다른 기능, 즉 메일을 보내고 받을 수 있는 기능, 상세한 연락처 기능, 작업 관리 기능과 연계해서 사용하면 더욱 큰 힘을 발휘할 수 있다.(◐ 부록 10 참조)

3) 연락처 관리

업무상 주고받는 명함만 해도 엄청나다. 업무상 새로운 사람을 만났을 때 주고받는 명함은 물론이고 전시회나 세미나에서 받은 명함으로 주머니와 책상 서랍 하나를 가득 메운다. 그런데 과연 그 모든 명함들이 나에게 맨 파워(Man Power)가 되어 줄 수 있을까? 과잉 정보에는 선택의 고민이 뒤따를 수밖에 없다. 방대한 명함들도 정리해야 나에게 좋은 정보가 될 수 있다. 그런데 명함을 정리하다 보면 누구나 한 가지 고민에 빠진다. 바로 분류체계인데 대부분의 명함꽂이는 가나다순이나 알파벳순으로 정리하도록 되어 있다. 사실 아날로그 방식으로는 더 이상의 좋은 방법은 생각나지 않는다.

그렇다면 인테리어 공사중에 만난 설비업체인 '메뚜기보일러'의 '유재석 대리'는 어떻게 분류해야 할까? 과연 이 명함을 회사이름을 기준(ㅁ)으로 해야 하는지 아니면 이름을 기준(ㅇ)으로 해야 할지 고민해 본 경험이 다들 있을 것이다. 과연 다음에 이 명함을 찾을 때 '유재석 대리'를 떠올릴 것인지, '메뚜기보일러'를 떠올릴 것인지 고민될 것이다. 그러나 〈아웃룩〉은 디지털 도구답게 그럴 필요가 전혀 없다. 명함의 내용만 입력하고 저장한 뒤 나중에 필요한 정렬방식으로 정렬하면 그만이다. 필자는 명함이 생기면 무작정 〈아웃룩〉에 입력해 저장한다. 한 달 또는 두 달에 한 번 꼴로, 변경되었거나 필요 없는 연락처를 정리한다. 게다가 입력·정리된 연락처는 일괄적으로 메일이나 팩스, 심지어는 전화를 걸 때에도 매우 요긴하게 쓰인다. 게다가 MSN 메신저 프로그램과 데이터가 공유되어 더욱 알찬 정보가 아닐 수 없다.

▣ 받은 명함은 무조건 〈아웃룩〉에 입력·저장한다.

4) 프로젝트 관리

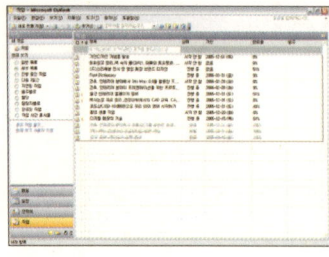

■ 〈아웃룩〉 작업 카테고리

〈아웃룩〉에서 제공하는 프로젝트 관리 툴은 매우 간단할 뿐만 아니라 강력하다. 사용자는 프로젝트의 내용을 입력하고 다양한 정렬 방식으로 프로젝트를 관리할 수 있다. 특히 완료된 프로젝트가 삭제되어 보이지 않고 마치 아날로그 메모처럼 완료된 프로젝트만 체크되어 진행중인 작업들과 비교될 수 있도록 한 점은 매우 매력적이다.

04 메신저의 대화 내용 저장

최근 메신저 이용이 급증하고 있다. PC를 일상적으로 사용하는 사람들에게는 전화를 대신할 정도이다. 물론 메신저에는 여러 가지 매력적인 요소들이 있다. 분당 200~300타 정도인 사람들에게는 대화 자체가 매우 자유로울 뿐만 아니라 여러 사람과 함께 대화할 수도 있다. 게다가 무료이다. 파일을 주고받을 수 있는 기능은 물론 여러 가지 부가기능도 함께 제공된다. 당연히 업무에 메신저를 이용하게 마련이다. 흔한 상황을 하나 가정해 보자. 동화책 작업을 함께하는 작가와 삽화작가가 메신저로 업무를 본다.

삽화작가 : 안녕하세요^^ 이 작가님 대화가 가능하신지요?
동화작가 : 안녕하세요^^ 물론 가능합니다.
삽화작가 : 지난번에 보내주신 글을 토대로 기초적인 스케치를 해봤
   습니다. 한번 보시고 의견 주세요.
동화작가 : 네, 보내주세요^^
   (삽화작가가 동화작가에게 파일을 전송한다.)
동화작가 : 김 선생님 잘 봤습니다. 수고 많으셨습니다. 다른 건 모두

잘 표현된 것 같습니다만 두 번째 장에서 배경에 나무를 좀 더 심어 주시면 어떻겠습니까?

삽화작가 : 그런가요?

그럼 다른 스케치는 맘에 드시는 걸로 알고 다음 작업으로 들어가겠습니다. 그리고 내일중으로 두 번째 장을 수정해서 보내드리겠습니다.

동화작가: 그럼 저는 저희들 일정을 출판사에 알려주도록 하겠습니다.

(동화작가가 출판사 담당직원에게 문자메시지 발송서비스로 일정을 전달한다.)

동화작가 : 김 선생님 2주 후에 한 번 만나서 나머지 작업일정을 조정해야 하겠는데 어떠신가요?

삽화작가 : 좋습니다. 2주 후 제 스케줄을 이 작가님 스케줄러로 보내겠습니다. 빈 일정을 잡아 제게 알려주시면 감사하겠습니다.

(삽화작가가 스케줄러를 이용해 동화작가에게 2주

후의 일정을 보낸다.)

동화작가 : 아! 마침 목요일이 김 선생님과 저의 일정이 비어 있네요. 그때 어떻겠습니까?

삽화작가 : 좋습니다. 시간과 장소는 어떻게 정할까요? 오후 2시 전후로 제 사무실에서 어떨까요?

동화작가 : 좋습니다. 그럼 그때 뵙겠습니다. 그리고 내일 제가 자리를 비울 수 있으니 이메일로 부탁드리겠습니다.

삽화작가 : 알겠습니다. 그럼 수고하세요^^

동화작가 : 수고하세요^^

물론 이런 상황 이외에도 업무에 활용하는 경우는 무궁무진하다. 제품에 대한 자세한 변경사항 등의 중요한 내용이 있는 경우 이 메신저의 대화내용을 저장하는 것이 필요하다. 대화내용을 저장하려면 일반적인 경로를 따라가면 된다. 〈네이트온〉을 예로 들어 알아보자.

▫ 메인 메뉴에서 [설정] 메뉴로 들어가 환경설정 명령을 클릭한다.
▫ 환경설정 대화상자에서 메시지에 관한 세부메뉴를 찾아 대화내용을 저장할 수 있도록 설정한다.

〈네이트온〉으로 설명하였지만 다른 메신저들도 설정하는 방법이 거의 비슷하다. 메신저로는 〈네이트온〉이나 〈MSN 메신저〉가 대표적이며 쓸 만한 부가기능도 많이 있다.

메신저 역시 훌륭한 업무 보조 도구이다. 대화저장 기능을 통해 빈틈없는 업무능력을 보여주자.

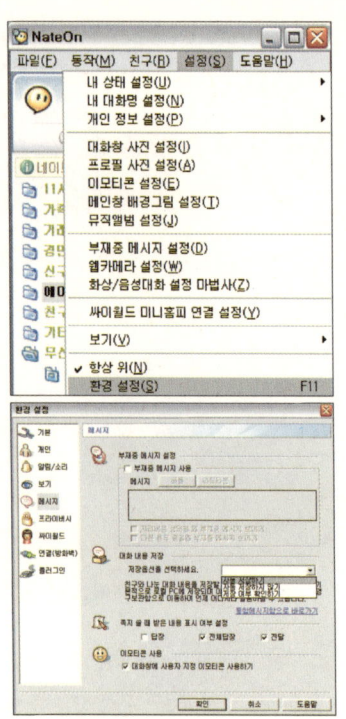
▪ 〈네이트온〉의 환경설정 메뉴

05 디지털 이미지 판독법

건축가들이 건물을 설계할 때 가장 큰 변수 중 하나는 바로 '고객의 의중'이다. 그래서 예전부터 고객의 의중을 알아내는 방법에 대한 연구가 오랫동안 이루어졌다. 그 중에 디지털 메모의 관심을 끄는 방법이 바로 '사진 판독'에 의한 해석이다. 다시 말해서 이미지에서 많은 정보를 얻어낼 수 있다는 것이다. 마치 사고 현장 사진에서 실마리를 얻어내는 탐정처럼 말이다.

가끔 취업 문제로 상담하는 학생들이 있다. 주로 ○○회사에 가고 싶은데 어떻게 하면 되겠냐는 원초적인 질문을 한다. 이런 경우 '고용주(때론 함께 일할 사원들)'의 입장에서 생각해 보라고 답해주곤 한다. 당신이 그 회사의 고용주라면 어떤 사람을 뽑겠냐고. 여기서 중요한 포인트는 바로 '고용주의 의향'이다. 이때 사무실 전경을 한 컷 메모해 두자. 그리고 나서 집중 분석에 들어간다. 사무실 분위기에서 어느 정도 해답을 얻을 수 있다. 이때 이 회사는 무엇을 중요시하는지, 어떤 능력을 필요로 하는지 등을 주목해야 한다. 준비된 자만이 앞으로 나아갈 수 있다. 다음과 같은 몇 가지 객관적인 사실을 알아내 보

자. 물론 가상의 이야기임을 먼저 밝힌다.

- 주거용 공간을 사무실로 사용하고 있고, 직원들의 복장이 자유로운 점을 보아서 창의적인 사고력을 중요시할 것 같다.
- 실내등과 유리창에 실내가 비치는 것을 보니 야근을 자주 할 것 같다.
- 의자에는 겨울옷이 걸려 있지만 반팔 티셔츠 차림으로 일하는 것을 보아서는 실내가 따뜻할 것 같다. 난방을 했을 수도 있지만 아무도 퇴근하지 않아 체온으로 실내온도를 높였을 수도 있다. 목표를 제고해 보자.
- 사무용 책상의 배치를 통해 사무실 내 위계를 가늠할 수 있다.
- 8대의 컴퓨터가 보이므로 8명의 직원이 있을 것 같다. 그런데도 실내가 정갈하게 정돈되어 있다. 어쨌든 말단 직원에게는 긴장되는 분위기

일 수 있다.

▣ 빈자리가 보이지만 모니터는 모두 켜져 있는 것으로 보아 이 밤중에 퇴근하지 않았다고도 생각할 수 있다. 다시 한 번 입사를 제고해 보자.

조금은 농담 섞인 분석이지만 이처럼 하나의 이미지에서 여러 사실을 확인해 볼 수 있다. 적어도 내가 입사하고 싶은 회사에 대해 여러 가지 궁리를 해볼 수 있는 기회를 마련한 셈이다. 물론 예측이 틀렸다고 하더라도 입사를 위한 전략에는 큰 도움이 될 수 있을 것이다. 디지털 메모를 통해 얻은 이미지를 곱씹으면 생각보다 많은 도움을 얻을 수 있다.

06 채우는 메모, 비우는 메모

『노자(老子)』의 「당무유용(當無有用)」편에는 다음과 같은 구절이 있다.

연식이위기 당기무 유기지용
挻埴以爲器 當其無 有器之用
"흙으로 그릇을 빚을 때 그릇은 당연히 그 비어짐으로써 그릇의 효용이 있다."

메모는 기록하는 대로 차곡차곡 쌓여간다. 게다가 PC를 활용하는 디지털 메모라면 기록하지 않아도 사용한다는 그 자체로 데이터가 누적된다. 그렇다면 쌓여가는 데이터는 모두 정보가 될까? 쌓여가는 데이터가 곧 유익한 정보일 수는 없다. 메모의 가치는 2차, 3차 재가공을 할 때 빛을 발한다. 여기에서 재가공이란 기록한 메모를 다시 한 번 확인하면서 메모를 되뇌고, 버릴 것은 미련 없이 버리라는 것이다. 여기에서 메모하는 습관의 중요한 규칙을 알 수 있다.

- 한 번 기록한 메모는 반드시 다시 한 번 확인하라.
- 확인 과정에서 필요 없는 메모는 과감히 삭제하라. 삭제도 메모의 또 다른 이름이다.

비우는 메모 역시 채우는 메모만큼이나 중요하다. 필요 없는 메모를 삭제하는 과정은 남는 메모, 즉 가치 있는 메모를 더욱 가치 있게 만든다. 비우는 메모는 크게 '삭제하는 메모'와 '삭제해 비워두는 메모'로 생각할 수 있다. '삭제하는 메모'는 신중하지만 과감할수록 남는 메모를 가치 있게 만든다. 소장하고 보관하는 것으로 가치 있는 메모가 아니라면, 더 이상 가치를 창출하지 못할 메모는 과감하게 삭제하라. 여기에서는 특별한 테크닉도 필요없다. 스스로의 냉철하고 과감한 결단력이 필요할 뿐이다.

그러나 삭제해 비워두는 메모에는 테크닉이 필요하다. 특히 『노자』의 '당무유용'을 음미해야 하는 대목이다. PC를 이용한 디지털 메모인 경우에는 더욱 절실하다.

PC를 이용하는 것이 수월치 않은 초보자의 경우 하드디스크의 빈 공간을 그저 데이터를 저장하기 위한 예비 공간쯤으로 생각하기 쉽다. 그러나 결코 그렇지 않다. 특히 OS가 설치되어 있는 'C:\' 드라이브, 즉 고정 부팅디스크의 경우 넉넉한 여유 공간이 있어야 한다. 사용하는 프로그램에 따라 정도의 차이는 있지만 OS가 설치되어 있는 하드디스크의 여유 공간은 프로그램의 성능과도 직결된다.

최근 개인 홈페이지를 관리하기 위해 많이 애용되고 있는 포토샵의 경우 스크래치 디스크(Scratch Disk)라는 기술을 이용하여 프로그램의 성능을 향상시키고 있다. 즉 하드디스크의 일부를 메모리처럼 사용하도록 하는 것이다. 이때 하드디스크는 빈 공간이 충분하게 있어야 하고 여러 개의 디스크를 스크래치 디스크로 지정할 수 있다.

컴퓨터는 사용하면 사용할수록 작업 데이터 이외에도 예기치 않은 기록 데이터가 하드디스크에 쌓이게 된다. 복잡하고 전문적인 작업은 물론이고 간단한 문서작업까지도 작업한 데이터만이 하드디스크에 저장되는 것이 아니다. 작업을 했다는 기록까지도 저장된다. 인터넷을 항해하는 것도 마찬가지이다. 사용자가 인터넷 검색을 하거나 이미지를 보는 것 등의 내용이 임시파일(Temporary File)로 저장된다. 이러한 파일들은 하드디스크의 공간을 차지하고 PC의 성능을 저해하는 원인이 된다. 사용자는 가끔 이러한 불필요한 파일들을 삭제하는 것이 PC의 성능을 향상시키기 위해 필요하다. 그런데 지금 우리들이 사용하는 PC는 매우 유기적인 구조를 가지고 있어서 삭제해야 할 파일들을 직접 선택해서 삭제하기란 매우 어렵게 되어 있다. 그래서 이 작업을 위해 다른 상용프로그램의 도움을 얻어야 한다. 정리하면 다음과 같다.

- 고정 부팅디스크, 즉 'C:\' 하드디스크는 충분한 여유 공간을 가질 수 있도록 한다. 1GB(최소 200MB 이상) 이상이면 무난하다.
- 상용프로그램을 이용해 하드디스크에서 필요 없는 데이터를 삭제하고, 필요 없는 레지스트리(작업기록)도 정리하여 PC의 성능을 향상시키자.
- 필요 없는 데이터를 삭제하는 것이 남게 될 데이터를 값지게 만든다.

07 네트워크로 가능한 불로장생 메모

이 책에서 강조하는 디지털 메모의 기술은 그 절반이 '메모하는 습관'이고, 나머지 절반이 '메모의 실천에 관한 내용'이다. 디지털 도구가 메모의 효율성을 증대시킨다고 한다면 네트워크 기술은 메모에 무한한 생명력을 제공한다. 무한한 생명력이란 시간과 장소의 제약에서 벗어난다는 것을 의미한다. 24시간 잠들지 않는 네트워크 서버에 데이터를 보관하는 서비스는 이미 많은 업체에서 제공하고 있다. 네트워크상에 데이터를 보관함으로써 얻는 장점을 충분히 이해할 때 디지털 메모는 빛을 발할 것이다. 네트워크를 이용하여 디지털 메모에 생명력을 불어넣자. 물론 다음 사항들을 각자의 상황에 맞게 적용시켜야 할 것이다.

24시간 잠들지 않는 저장 공간, 패턴을 만들어라

웹 브라우저(인터넷 익스플로러나 넷스케이프와 같은)를 통해 내 컴퓨터의 데이터를 네트워크 저장 공간에 언제든지 저장할 수 있다. 다시 말해 24시간 꺼지지 않는 서버 컴퓨터로 저장되는 것인데, 이는 또다시 언제 어디서든 온라인 상태라면 데이터를 다운받을 수 있는 것을 의미한다. 네트워크를 이용한 데이터 저장이 시간과 장소를 뛰어넘는다는 것은 바로 이 때문이다. 다른 장소, 즉 평소에 작업하던 PC가 아닌 다른 장소의 다른 컴퓨터를 이용한다는 것은 그리 흔한 일이 아니다. 피치 못할 경우이거나 매우 촉박한 경우 정도이다. 회사에서 퇴근했더니 관련 업체에서 급하게 수정된 견적서를 요청한다. 이 견적서 요청이 모르긴 해도 프로젝트 입찰에 큰 영향을 줄 것 같다면 당신은 회사로 돌아가야 할 것이다. 이때 근처 PC방에 있는 컴퓨터를 이용해 작업한다면 시간을 단축해 업무성과에 지대한 영향을 미칠 수 있다. 이런 경우를 위해 데이터를 네트워크에 저장하자. 이것이 바로 네트워크로 할 수 있는 불로장생 메모이다. 여기에서 네트워크는 이메일 저장 공간 또는 〈웹하드〉와 같은 유료 네트워크 저장 공간 등을 의미한다.

데이터를 가볍게 저장해라

네트워크상에 데이터를 저장할 때 아무런 제약이 없는 것은 아니다. 물리적 제약을 받는다. 바로 업로드(Upload)와 다운로드(Download)의 속도이다. 게다가 이 속도는 일정하지 않다. 집에서나 회사에서는 어느 정도 일정한 속도를 유지할 수 있지만 결국 예기치 못한 상황에서 네트워크 메모를 꺼내야 할 경우에 전혀 속도를 예측하지 못할 수도 있다. 따라서 네트워크 상에 저장하는 데이터는 되도록이면 정리되고 가벼운 데이터가 바람직하다. 간혹 개인 컴퓨터의 모든 데이터를 네트워크에 백업(Backup)하려는 경우도 있지만 이는 그리 바람직하지 않다. 개인 컴퓨터의 백업은 기록 가능한 CD나 DVD를 이용하면 좋다. 올려져 있는 몇백 메가(MB)나 몇 기가(GB)의 데이터를 언제 내려받아 사용할 것인가?

추천할 만한 네트워크 메모

네트워크상에 저장할 만한 디지털 메모를 몇 가지 추천해 보려고 한다. 우선 앞에서 언급한 가상의 시나리오처럼 최근에 일하고 있는 업무 내용 및 자료들을 네트워크상에 저장하는 것이다. 물론 데이터의 유출이라는 문제를 안고 있지만 회사 사정에 맞게 하면 된다. 또는 즐겨찾기 목록을 일주일 단위로 저장해둔 파일이나 〈아웃룩〉의 메일 및 기타 스케줄, 프로젝트, 연락처 등을 역시 일정 기간 단위로 압축해서 저장해 두는 것이다. 그 밖에 추천할 만한 메모로는 개인 이력서나 포트폴리오, 내 디지털 카메라나 MP3 플레이어의 드라이버, 스캔받은 도장이나 사인 이미지, 스캔받은 학위 증명서나 각종 증명서 등을 들 수 있다. 특히 유료 네트워크 서버는 바이러스에 대한 방화벽이 튼튼해 어느 정도는 안심할 수 있기 때문에 이를 적극적으로 활용하는 것도 좋은 방법이다.

- 즐겨찾기 목록
- 〈아웃룩〉 데이터 파일
- 이력서 또는 포트폴리오
- 개인적인 디지털 도구의 드라이브
- 스캔받은 도장이나 사인 이미지
- 학위 증명서나 각종 증명서
- 통장 사본 등

그러나 인터넷 뱅킹을 위한 인증서와 같은 것은 저장하지 말자. 드문 경우이긴 하지만 서버가 해킹당한다면 피해가 걷잡을 수 없다. 튼튼한 방화벽이 있지만 작정하고 덤비면 완벽한 서버란 없기 때문이다.

이메일도 훌륭한 네트워크 메모

이메일을 적극 활용하면 좋다. 특히 첨부파일 기능을 활용하면 매우 효율적이다. 최근 이메일을 제공하는 포털 사이트는 용량면에서는 매우 관대해지고 있지만 아직까지 업로드와 다운로드의 시간은 아무래도 더딘 것이 사실이다. 용량과 속도 그리고 부가 서비스 면을 면밀히 검토해서 이메일을 선택하고 활용하자.

유료 서비스

앞선 모든 장점이 개인의 효율을 극대화시킬 수 있다면 유료 서비스를 이용하는 것도 좋은 방법이다. 데이터의 업로드와 다운로드 속도를 고려할 때 네트워크 서비스는 이용할 만하다. 가장 대중적인 서비스 가운데 하나가 바로 데이컴에서 제공하는 〈웹하드〉(http://www.webhard.co.kr)이다.

- 최악의 상황을 대비한 네트워크 메모를 준비해라.
- 업로드와 다운로드의 속도를 고려해라.
- 적당히 중요하고, 가벼운 용량의 메모를 네트워크에 저장해라.
- 중요한 데이터나 메모는 CD나 DVD 여러 장에 나누어 저장하자.

■ 〈웹하드〉 홈페이지

▣ 이메일을 적극 이용하자.

▣ 유료 네트워크 저장 서비스도 적극 이용하자.

08 출장갈 때 서류가방은 두고 가라!

출장하면 생각나는 것이 묵직한 여행 가방이다. 그러나 이제 그 무거운 가방을 가져갈 필요가 없다. 그렇다면 출장지에서의 업무를 위해 특별한 대책이 있는가? 만약 출장지에서 거래처 박 대리의 연락처를 알아야 하는데 미처 준비하지 못했다면 어떻게 해야 할까? 다음은 출장지로 향하는 직장인이 늘 살펴보아야 할 네트워크 메모에 관한 체크리스트이다.

- 각종 서식(Format) 파일
- 연락 정보 : 〈아웃룩〉의 연락처 파일 또는 명함 이미지의 압축 파일
- 개인 이력서
- 디지털 증명사진
- 도장이나 사인을 스캔받은 파일
- 각종 증명서 스캔받은 파일 : 회사 사업자 등록증
- 디지털 명함 : 언제 어디서든 출력해서 쓸 수 있도록 하자.
- 웹 브라우저의 즐겨찾기 파일
- 업무에 관한 자료를 압축하여 DVD나 CD에 저장한 것

그 밖에 자신의 상황에 적합한 항목을 고르되 용량이 크지 않도록 한다. 소지품으로는 휴대전화 충전겸용 USB 메모리 정도 하나 들고 가면 어떨까? 끝으로 개인적으로 디지털 도구의 단순한 기능으로 도움받았던 웃지 못할 에피소드를 하나 소개하면서 이 글을 마칠까 한다. 사실 이 책을 집필하고자 마음먹었던 최초의 계기였던 것 같다.

삐삐세대의 디지털 로망스

1990년대 중반만 하더라도 삐삐(Beeper)라고 불리던 페이저(Pager)의 시대였다. '현대판 족쇄'라고 호들갑을 떨었던 삐삐에도 아주 유용한 부가 서비스가 있었는데 바로 알람기능이 그것이었다. 필자는 삐삐의 알람기능 덕을 톡톡히 본 적이 있다. 대학원 3학기에 단과대학의 모든 과가 참가하는 전시회를 준비했었는데 한 학기 내내 수업과는 별개로 전시회가 준비되었다. 작업량이 무시할 수 없이 많았던 것도 부담이 되었지만, 전시회에 참여하는 가장 고학년이다 보니 총장님께 간단한 브리핑을 하라는 임무는 한동안 소화가 되지 않았던 충분한 이유였다. 우여곡절 끝에 전시회 준비를 모두 마치고 며칠 만에 제대로 씻기 위해 24시간 운영하는 대중목욕탕을 찾았다. 너무 졸려 대충 물을 끼얹고 나오니 전시장 오픈 시간까지 대략 4시간 정도의 여유가 있었다. 한숨 잤으면 좋겠는데 자다가 오픈 시간을 넘기게 될까 봐 쉽게 결정할 수 없었다. 함께 간 친구와 한참을 옥신각신하다가 결정을 보지 못했다.

 결국 카운터에 모닝콜을 부탁하고 발가벗은 몸에 벨트에 진동으로 알람 설정된 삐삐를 끼운 뒤 몸에 둘렀다. 덕분에 전시회의 오프닝은 무사히 치러낼 수 있었다. 결국 단순한 것만이 살아남아 승리한다.

| 에필로그 |

디지털 메모, 약인가 독인가?

『렉서스와 올리브나무』의 저자 토머스 프리드먼은 『세계는 평평하다』에서 누구나 향유할 수 있는 정보 덕분에 균등한 출발을 할 수 있다고 강조한다. 반면 미래의 사회계층구조는 피라미드가 아닌 눈사람 모양을 할 것이라는 전망이 지배적이다. 프롤로그에서 이야기했듯이 정보를 제공하는 자와 제공받는 자로 나뉜다는 것이다. 일부 사람들만 열람할 수 있던 군사지역 및 주요 지역의 항측도는 구글 어스(Google Earth)로 누구나 들여다볼 수 있게 되었다. 많은 대중매체는 인터넷 뉴스를 다시 한 번 재방송해 주는 상황이 되어버렸고 조간신문도 크게 다르지 않다. 부동산 중개사처럼 인터넷 정보 중개사가 원하는 정보만을 클리핑(Clipping) 해주는 것도 그리 생소하지 않다. 우리는 정보의 홍수 속에 살고 있는 것이 확실하다.

물이 우리 생활에 반드시 필요하지만 너무 많으면 재앙과 다름이 없는 것처럼 방대한 정보 역시 어떤 사람에게는 재앙으로 다가올 수도 있고, 또 어떤 사람에게는 자기 안의 커다란 나무를 키울 수 있는 기회가 되기도 한다. 디지털 메모는 이러한 엄청난 정보 속에서 실천적인 정보를 스스로 가릴 수 있도록 도와준다. 따라서 디지털 메모는 결국 디지털 정보의 선택과도 같은 의미를 지닌다.

우리에게 정보란 '마실 물'과 같이 귀한 존재이며, 우리는 결코 아날로그 시대의 생활패턴(적어도 업무적인 측면에서는)으로 돌아갈 수 없다. "피할 수 없으면 즐겨라."는 말처럼 이러한 디지털 시대에 적합한 디지털 도구로 나를 깨우고, 디지털의 속도로 업무를 처리하자. 그 달콤한 열매로 당신은 기차를 타고 여행을 즐길 수 있는 아날로그 시간을 얻을 수 있을 것이다.

이 책은 디지털 메모를 통해 조금이라도 여유로운 시간을 갖고, 자유로운 생각을 정리할 수 있도록 하는 데 도움을 주기 위해 쓰여졌다. 메모는 생각하는 시간을 절약해 주는 것은 아니다. 메모는 스스로가 스스로에게 생각할 거리를 제공해 더욱 확실하게 보여주는 것이다. 그리고 그 생각의 단편을 계속 연장시켜 주는 것이다. 결국은 이 과정에서 많은 시간을 절약할 수 있을 것이다.

우리네 부모님들은 자식이 바쁘다고 해야 안심하신다. 또 주변 사람들에게 바쁘게 보이길 바라신다. 그리고 우리들도 남들 앞에서는 매우 분주하다. 결국 몸도 마음도 매우 바쁘기 그지없다. 그러나 실제로 그렇게 바빠서 얻는 성과는 무엇인가?

나는 주변에서 벌어지는 나와 연관된 일들이 나의 판단으로 결정되고 이루어지길 바란다. 좋은 결과를 기대하는 것은 그 다음이다. 봄에 씨앗을 뿌리지 않은 사람이 가을에 결실을 기대할 수 없듯이 적어도 나의 의지로 씨앗을 뿌리고 싶다. 디지털 메모는 바로 그 씨앗을 뿌리는 행위이다.

끝으로 이 책에는 진지한 경험을 바탕으로 한 부분도 담겨 있지만, 가볍게 농담 걸듯 메모를 이야기하는 부분도 있다. 실제로 메모는 중요한 아이디어나 잊을 수 없는 약속을 담을 수도 있지만 가벼운 농담으로 빡빡한 일상을 이완시킬 수도 있다는 이야기를 하고 싶었다. 우리가 학창시절 선생님의 필기를 받아 적던 노트에 낙서를 하고 킥킥대듯이 말이다. 몇십 년이 흐른 뒤에는 과연 어떤 소중한 흔적만이 남게 될까?

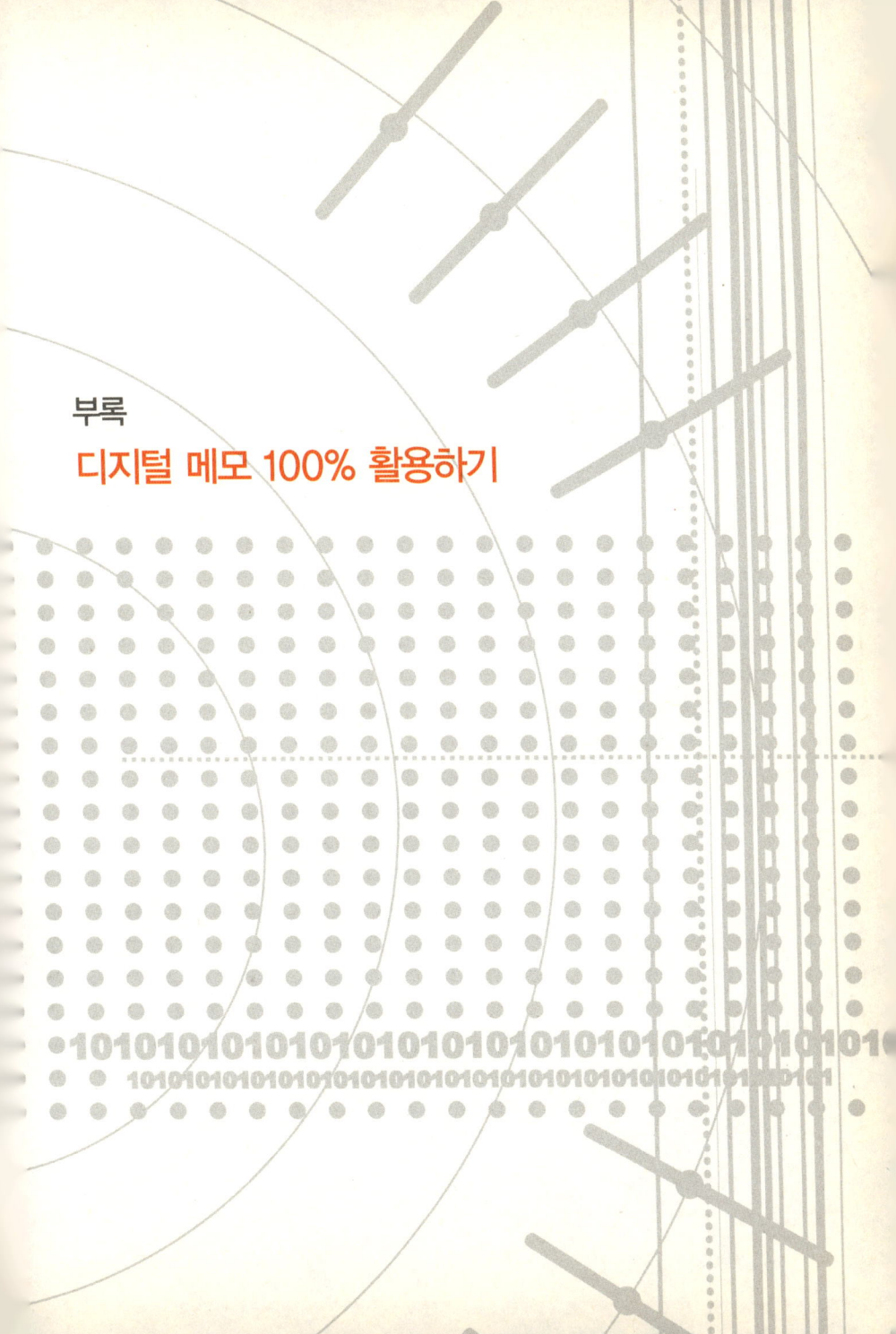

부록
디지털 메모 100% 활용하기

본문에서 언급한 디지털 메모 방법에 대해 자세히 설명한다. 아무리 PC에 익숙하지 않은 초보자라 하더라도 차근차근 따라하면 충분히 정복할 수 있다. 목표를 세워 하나에서 두 개로, 두 개에서 세 개로 사용할 수 있는 방법을 익혀나가도록 하자. 디지털 메모의 테크닉을 완성하는 과정이다.

01 메모짱 설치하기

1) 네이트(www.nate.com)에서 메모짱 메뉴를 누르거나 웹 브라우저의 주소창에 'http://memozzang.nate.com'을 입력하면 메모짱 웹 페이지로 접속할 수 있다.

2) 회원가입 후 로그인한다.

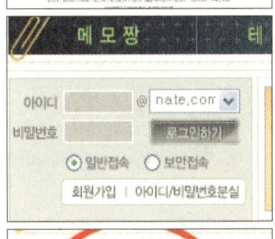

3) 왼쪽의 [내 메모짱 보기]를 누르면 메모짱 설치 프로그램이 자동으로 실행된다. 메모짱이 실행되면 우측 하단의 트레이에 메모짱 아이콘이 생성된다.

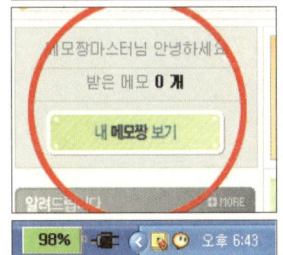

02 메모짱 오늘 일정에 아이콘 달기

1) 메모짱 우측의 메모쓰기 탭에서 일정을 기록하고 날짜 옆 아이콘을 클릭한다.

2) 아이콘 테이블에서 적당한 아이콘을 선택하여 클릭한다.

3) '월간일정으로 붙이기' 버튼을 눌러 달력에 표시한다. 선택한 아이콘이 표시되는 것을 확인할 수 있다.

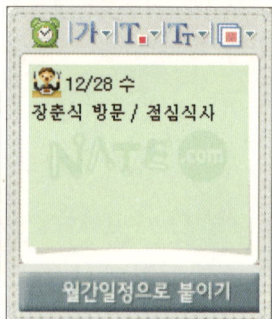

03 메모짱메일, NATE 쪽지 알림 서비스 설정하기

1) 알람을 설정할 일정을 더블 클릭한다. 알람 설정 대화상자가 표시된다.

2) 날짜, 시간, 알림, 되풀이 영역을 설정하고 알림 영역 오른쪽 '설정' 버튼을 클릭한다.

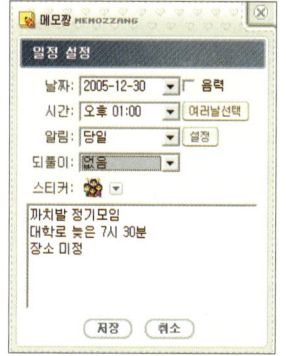

3) 알림 방법 영역의 메일과 NATE 쪽지 체크박스를 체크하고 '확인' 버튼을 클릭한다.

4) 저장 버튼을 클릭하여 설정을 종료한다. 설정한 시간에 지정 이메일로 메일과 NATE 쪽지가 알림 서비스 된다.

04 메모짱 문자 메시지 알림 서비스 설정하기

1) 메모짱의 메모보드 탭에서 알림 서비스를 설정할 일정의 좌측 상단 알람시계 아이콘을 클릭한다.

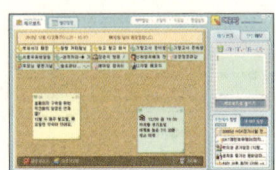

2) 날짜, 시간, 알림, 되풀이 영역을 설정하고 알림 영역 오른쪽 '설정' 버튼을 클릭한다.

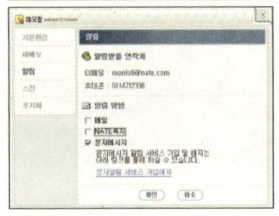

3) 알림방법 영역의 '문자알림 서비스 가입하기' 링크를 클릭한다.

4) 회원 아이디와 비밀번호를 입력하고 '확인' 버튼을 클릭한다.

5) 휴대전화 번호의 유무선 인증을 한다. 휴대전화 번호 인증이 되어야만 문자 메시지 알림 서비

스에 가입할 수 있다. 휴대전화 번호 유무선 인증을 받기 위해서 '휴대전화 번호 추가하기' 버튼을 클릭한다.

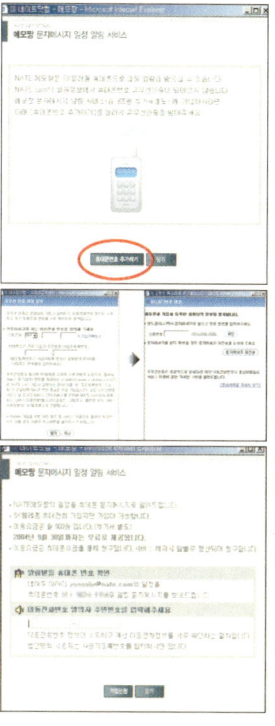

6) 알림을 받고자 하는 휴대 전화를 입력한 후 '가입자 확인' 링크를 클릭한다. 타인 명의의 휴대전화인 경우 아래 주민번호 입력란에 입력한다. 모두 입력된 후 '동의' 버튼을 클릭한다. 휴대전화 문자 메시지로 발송된 인증번호를 입력하고 '확인' 버튼을 클릭한다.

7) 메모짱 문자 메시지 알림 서비스 가입 확인 및 요금에 대한 설명이 나온다. 내용을 확인한 후 문자 메시지 알림을 받으려고

하는 휴대전화 번호의 가입자 주민등록번호를 입력한다. 법인명의 사용자는 사업자 등록번호 6자리를 앞에, 나머지를 뒷자리에 입력하면 된다. 마지막으로 가입 신청을 누르면 가입이 완료된다.

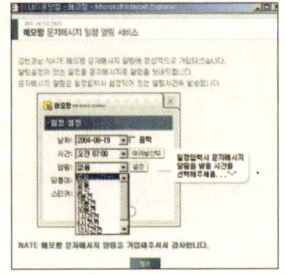

8) 가입이 완료되면 성공적으로 가입이 되었다는 문자메시지가 발송된다. 이제 일정에서 알림을 설정하면 휴대전화에서 알림을 받을 수 있다.

05 메모짱 제공 테마 일정을 내 일정으로 설정하기

1) 메모짱 우측 하단의 추천테마 일정 탭에서 'MORE' 링크를 클릭한다.

2) 네이트닷컴의 메모짱 사이트에서 관심 테마 일정 카테고리를 선택하고 테마 일정 리스트의 내용을 클릭한다.

3) 상세 내용목록에서 '내 일정으로 추가' 버튼을 클릭한다.

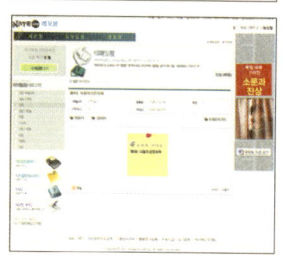

4) 테마 일정 보기 대화상자에서 추가하려는 테마 일정을 확인하고 '저장' 버튼을 클릭한다.

5) 메모짱에서 추가된 일정을 확인한다.

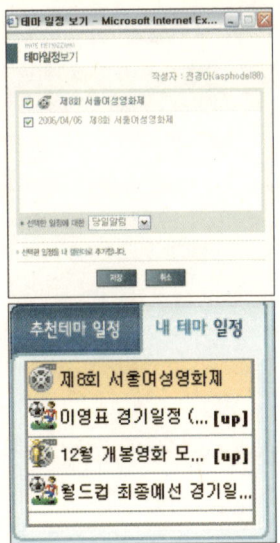

06 메모짱으로 스케줄 메모 보내기

1) 월간 일정을 메모 보내기 아이콘으로 드래그하거나 메모보드의 메모를 메모 보내기 아이콘으로 드래그한다.

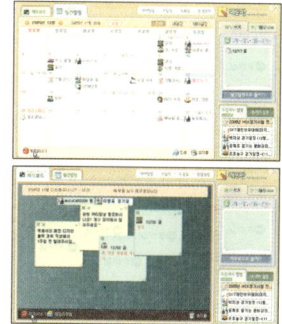

2) 내용 선택 후 '받는 사람' 버튼을 클릭한다.

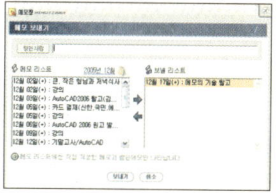

3) 받는 사람을 목록에서 선택한 후 오른쪽 화살표 아이콘을 클릭해 받는 사람 리스트에 포함시킨다. '확인' 버튼을 클릭한다.

4) 메모 보내기 성공 메시지가 표시된다.

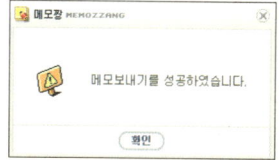

07 메모짱으로 스케줄 메모 받기

1) 네이트온에 로그인되어 있는 상태에서는 바로 스케줄 메모를 받겠냐는 쪽지가 표시된다. '내 메모짱에 추가하기' 링크를 클릭한다.

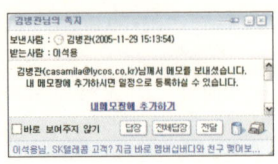

2) 메모보드를 확인하면 보내온 스케줄을 확인할 수 있다.

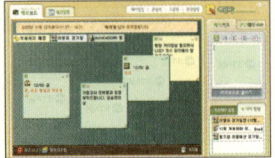

08 메모짱으로 받은 메모 확인 하기

1) 네이트온에 로그인되어 있지 않은 상태에서는 메모짱 우측 받은 메모 탭에 저장되어 있다. 받은 메모를 더블 클릭한다.

2) 받은 메모를 확인하고 '저장' 버튼을 클릭한다.

3) 메모짱을 추가하겠냐는 메시지에 '예' 버튼을 클릭하고 메모보드에서 메시지를 확인한다.

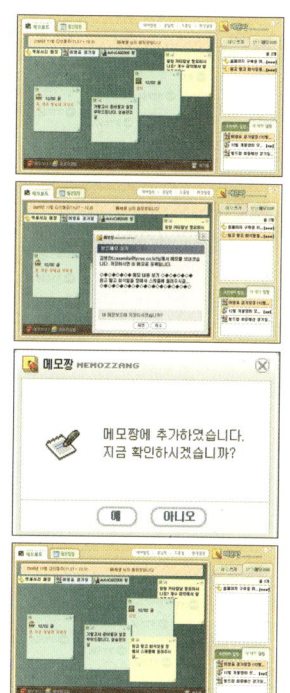

09 아웃룩에서 POP 설정하고 이메일 주고받기

1) 아웃룩의 메뉴바에서 [도구]-[전자메일 계정] 명령을 클릭한다.

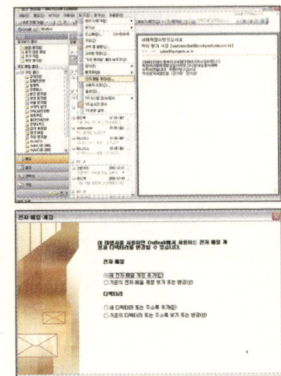

2) 전자메일 계정 대화상자에서 '새 전자메일 계정 추가' 라디오 버튼에 체크하고 '다음' 버튼을 클릭한다.

3) 전자메일 계정 대화상자에서 'POP3' 라디오 버튼을 체크하고 '다음' 버튼을 클릭한다.

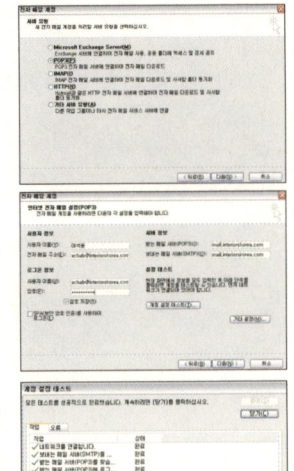

4) 사용자 이름은 이메일을 보내고 받을 때 표시되는 이름이다. 전자메일 주소를 입력하고 해당 이메일의 로그온 정보를 입력한다. 받는 메일 서버(POP3)와 보

내는 메일 서버(SMTP)를 입력해
야 하는데, 해당 이메일 사이트
의 이메일 아웃룩 사용방법이나
POP3 설정방법을 참조하면 알
수 있다. 모든 입력이 끝났으면
'계정 설정 테스트' 버튼을 클릭
한다.

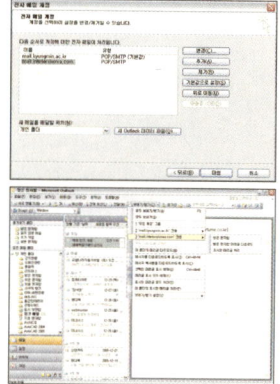

5) 테스트 성공 메시지가 나오면 '닫기' 버튼을 누른다.

6) 전자메일 계정이 추가된 것을 확인할 수 있다. '마침' 버튼을 클릭한다.

7) 메뉴바에서 [보내기/받기]를 클릭해 추가된 이메일 계정 옆 화살표를 클릭한다. 받은 편지함 명령을 클릭하면 해당 이메일 앞으로 온 메일을 아웃룩에서 받아볼 수 있다.

10 아웃룩에 스케줄 입력하기

1) 아웃룩 좌측의 일정 카테고리를 클릭하고 스케줄을 입력하려는 일자를 더블 클릭한다.

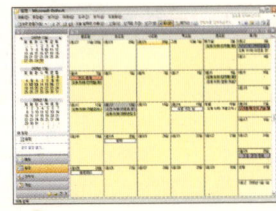

2) 스케줄 내용을 입력하고 필요하면 미리 알림기능을 체크한 후 '저장 후 닫기' 버튼을 클릭한다.

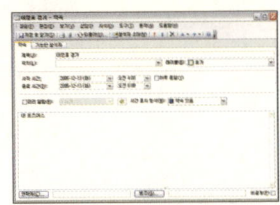

3) 스케줄이 입력된 것을 확인할 수 있다.

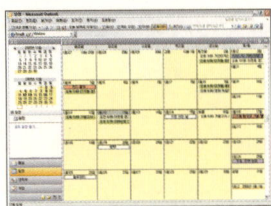

11 아웃룩에 주소록 입력하기

1) 아웃룩 좌측의 연락처 카테고리를 클릭하고 '새로 만들기' 버튼을 클릭한다.

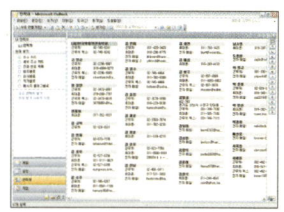

2) 입력하려는 연락처를 입력하고 저장 후 '저장 후 닫기' 버튼을 클릭한다.

12 아웃룩에서 프로젝트 관리하기

1) 아웃룩 좌측의 작업 카테고리를 클릭하고 '새로 만들기' 버튼을 클릭한다.

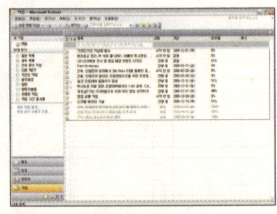

2) 입력하려는 작업을 입력하고 저장 후 '저장 후 닫기' 버튼을 클릭한다.

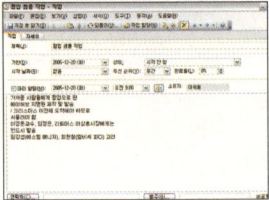

13 시작메뉴에 프로그램 등록하기

1) [시작]-[모든 프로그램]-[시작메뉴에 등록하려는 프로그램 위에서 마우스 오른쪽 클릭]-[시작메뉴에 고정]

2) 시작메뉴에 실행 단축아이콘이 위치한 것을 확인할 수 있다.

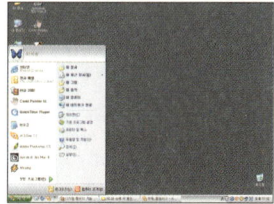

14 빠른 실행 아이콘 등록하기

1) [시작]-[모든 프로그램]-[빠른 실행 아이콘에 등록하려는 프로그램]-[빠른 실행 아이콘 트레이로 드래그]

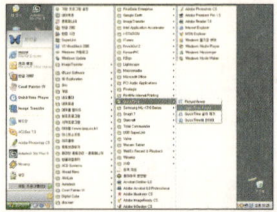

2) 빠른 실행 아이콘을 확인할 수 있다.

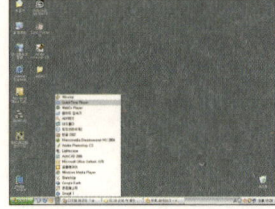

15 메모장, 워드패드, 그림판 실행하기

1) [시작]-[모든 프로그램]-[보조 프로그램]-[메모장], [워드패드], [그림판] 클릭

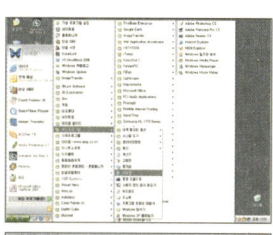

2) 메모장, 워드패드, 그림판이 실행된다.

16 워드패드에 이미지 삽입하기

1) 워드패드의 [삽입]-[개체] 명령을 클릭한다.

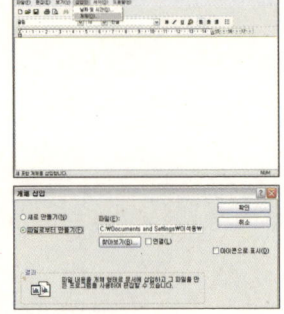

2) 개체 삽입 대화상자에서 '파일로부터 만들기(F)' 라디오 버튼을 체크하고 '찾아보기' 버튼을 눌러 이미지가 있는 경로를 지정한다. 이미지는 BMP 파일이어야 워드패드에서 확인할 수 있다. '연결' 체크버튼을 체크하면 이미지가 수정되는데, 이때 워드패드의 이미지도 실시간으로 수정된다.

3) 워드패드에 삽입된 이미지를 확인할 수 있다.

17 그림판으로 그린 그림 이메일로 바로 보내기

1) 그림판으로 그린 그림을 저장하고 메뉴바의 〔파일〕-〔보내기(E)〕를 클릭한다.

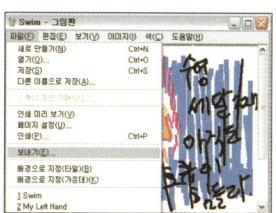

2) 이메일 발신 창에서 받는 사람의 이메일 주소를 입력하고, 제목과 본문을 입력한 후 '보내기' 버튼을 클릭한다.
이미 그림판의 그림은 자동으로 삽입되어 있는 것을 확인할 수 있다.

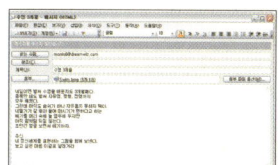

18 그림판으로 그린 그림 바탕화면 설정하기

1) 그림판으로 그린 그림을 저장하고 메뉴바의 [파일]-[배경으로 지정(가운데)(K)]를 클릭한다.

2) 바탕화면에 지정한 그림이 배경화면으로 설정된 것을 확인할 수 있다.

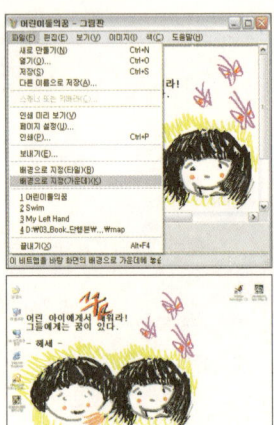

19 한컴쪽지 설치하기

1) 인터넷 웹 브라우저의 주소창에 다음과 같이 주소를 입력하고 엔터키를 누른다.

2) 회원 아이디와 패스워드를 입력해 로그인한다. 회원가입이 되어 있지 않으면 '회원가입' 버튼을 눌러 회원가입을 한다.

3) 게시판에서 한컴쪽지 V1.5 항목의 디스켓 아이콘을 클릭한다.

4) 인터넷 익스플로러 보완경고 대화상자에서 '실행' 버튼을 클릭한다.

5) 윈도우즈 보안경고 대화상자에

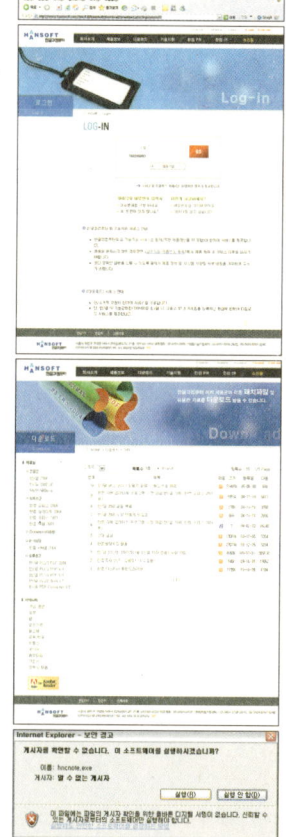

서 차단해제 '버튼'을 클릭한다.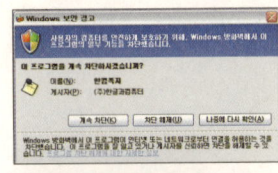

6) 설치가 완료되면서 한컴쪽지가 실행된다. 우측 하단의 트레이에 한컴쪽지 아이콘이 표시된다.

20 한컴쪽지 알람 설정하기

1) 쪽지의 우측 상단에 있는 자명종(흐릿하게 표시) 아이콘을 클릭한다.

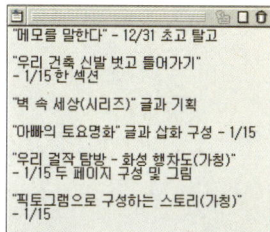

2) 알람 설정 대화상자에 날짜와 시간을 입력한 후 '설정' 버튼을 클릭한다.

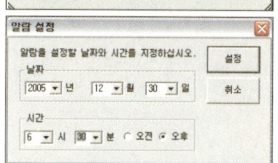

3) 알람이 설정되었다. 쪽지 상단의 자명종이 뚜렷하게 표시된다.

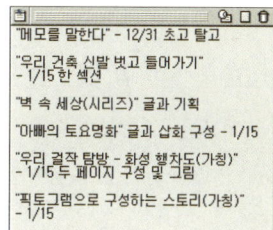

21 한컴쪽지 네트워크 전송하기

1) 쪽지의 좌측 상단에 있는 문서 아이콘을 클릭하여 단축메뉴를 불러와 〔네트워크 전송(Ctrl+S)〕 명령을 클릭한다.

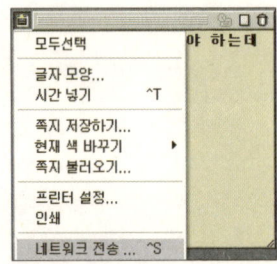

2) 네트워크 전송 대화상자에서 '추가' 버튼을 눌러 네트워크 상의 받을 사람을 지정한다.

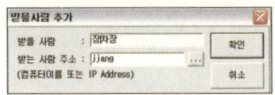

3) 받을 사람을 선택한 후 '전송' 버튼을 클릭한다.

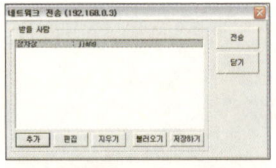

4) 받는 사람의 화면에는 다음과 같은 쪽지 도착 메시지가 표시된다.

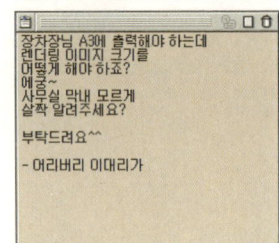

22 바탕화면 설정하기

1) 바탕화면에서 마우스 오른 클릭으로 단축메뉴를 불러내〔속성〕명령을 클릭한다.

2) 바탕화면 탭을 클릭하고 배경영역에서 이미지를 선택한다. 특정 경로에 바탕화면으로 사용할 이미지가 있으면 '찾아보기' 버튼을 눌러 경로를 지정한 후 '적용' 버튼과 '확인' 버튼을 차례로 클릭한다.

23 즐겨찾기 설정하기

1) 인터넷 웹 브라우저의 표준단추에서 즐겨찾기를 클릭하고 좌측에 즐겨찾기 목록이 나오면 상단의 '추가' 버튼을 클릭한다.

2) 즐겨찾기를 추가할 경로를 지정하고 '확인' 버튼을 클릭한다.

3) 또는 웹 사이트에서 마우스 오른 클릭으로 단축 메뉴를 불러내 [즐겨찾기 추가] 명령을 클릭하여 즐겨찾기를 추가한다.

24 즐겨찾기 내보내고 가져오기

1) 인터넷 웹 브라우저의 메뉴바에서 〔File〕-〔가져오기 및 내보내기〕 명령을 클릭한다.

2) '다음' 버튼을 클릭한다.

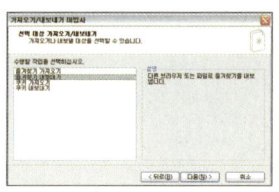

3) '즐겨찾기 내보내기' 항목을 선택하고 '다음' 버튼을 클릭한다.

4) 'Favorite' 항목이 선택된 상태에서 '다음' 버튼을 클릭한다. 즐겨찾기 항목 전체를 내보내기 위한 선택이며 어느 특정 항목만을 선택해 내보낼 수 있다.

5) 즐겨찾기를 내보낼 경로와 파일명을 지정하고 '다음' 버튼을 클

부록 | 디지털 메모 100% 활용하기

릭한다. 기본적으로 '내 문서' 폴더에 'bookmark.htm' 파일로 저장되지만 되도록이면 파일명에는 날짜를 입력한다. 다른 경로에 파일을 내보내기 하기 위해서는 '찾아보기(R)' 버튼을 클릭해 경로를 지정하면 된다.

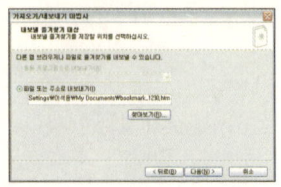

6) 내보내기 과정이 모두 끝났다. '마침' 버튼을 누르고 경로를 확인해 보면 지정한 파일이 저장되어 있음을 확인할 수 있다.

7) 즐겨찾기를 가져오는 방법은 '가져오기/내보내기 마법사'의 '선택대상 가져오기/내보내기' 창에서 '즐겨찾기 가져오기' 항목을 선택하고 즐겨찾기 파일을 선택하면 된다.

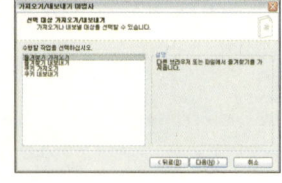

25 화면 캡쳐하고 그림판으로 확인하기

1) 화면 캡쳐를 원하는 상태에서 키보드의 'Print Screen?' 키를 누른다.

2) 〔시작〕-〔모든 프로그램〕-〔보조 프로그램〕-〔그림판〕을 클릭하여 그림판을 실행한다.

3) 그림판의 〔편집〕-〔붙여넣기 (Ctrl+V)〕 명령을 클릭한다.

4) 캡쳐된 이미지를 확인할 수 있다.